Inhalt

OLIVIER NUNGE & SIMONNE MORTERA

Gefühle in Balance

Kluger Umgang mit schwierigen Emotionen

SCORPIO

Olivier Nunge und Simonne Mortera sind beide erfahrene Psychotherapeuten. Als Trainer, Berater und Coachs unterstützen sie daneben Firmen im Aufbau guter menschlicher Beziehungen und in der Teamentwicklung.

Die Originalausgabe ist 1998 unter dem Titel
Gérer ses émotions. Des réactions indispensables
bei Éditions Jouvence, S. A., Chemin du Guillon 20,
Case 184, CH-1233 Bernex erschienen.
www.editions-jouvence.com
info@editions-jouvence.com

2. Auflage 2016

© 1998 Olivier Nunge & Simonne Mortera
© der deutschsprachigen Ausgabe:
2014 Scorpio Verlag GmbH & Co. KG, München
Übersetzung: Elisabeth Liebl, München
Umschlaggestaltung: Hauptmann & Kompanie
Werbeagentur, Zürich
Layout und Satz: Veronika Preisler, München
Druck und Bindung: Print Consult, München
ISBN 978-3-943416-95-4
Alle Rechte vorbehalten.
www.scorpio-verlag.de

Vorwort

In unserer modernen, vom Gedankengut René Descartes' und der Aufklärung geprägten Gesellschaft bestand lange Zeit die Tendenz, die Vernunft als Kompass der Persönlichkeit zu sehen, z. B. indem wir den Intelligenzquotienten (IQ) eines Menschen bestimmen. Dann stellte der Bestseller *Emotionale Intelligenz* von Daniel Goleman den EQ, den emotionalen Quotienten, in den Vordergrund. Und plötzlich waren Gefühle in aller Munde, selbst die Wissenschaft gab ihren Segen dazu. Emotionen sowohl im Alltag als auch im Berufsleben sind mit einem Mal wieder von Bedeutung. Das Nicht-Rationale in uns, unsere Gefühlswelt, wurde rehabilitiert. Die Kriterien der reinen Vernunft gelten nicht länger als der einzige Schlüssel zur Persönlichkeit und ihrer Weiterentwicklung.

Die Transaktionsanalyse (TA) richtet ihr Augenmerk seit jeher auf unser Gefühlsleben und teilt es in vier grundlegende Emotionen ein – ein Modell, das auf den ersten Blick zu vereinfachend erscheinen kann, was es meiner Ansicht nach aber nicht ist. Daher möchte ich hier auf die Ideen eines der größten amerikanischen Transaktionsanalytiker hinweisen: William Schutz. Er entwickelte sein therapeutisches Konzept ausgehend von drei wesentlichen Kategorien: Inklusion, Kontrolle und Öffnung. Auf den Vorwurf der Vereinfachung reagierte er wie folgt: »Ist Ihnen je aufgefallen, dass man in der Malerei mit drei Farben – Blau, Rot und Gelb – sämtliche Schattierungen von Farbe und Licht erzeugen kann?«

Meiner Meinung nach gilt dasselbe für die vier grundlegenden Emotionen, mit denen die Transaktionsanalyse arbeitet: Angst, Wut, Trauer und Freude. Diese decken in ihren vielfältigen Erscheinungsformen das ganze komplexe Spektrum unserer Gefühle ab.

Des Weiteren hat die Transaktionsanalyse mit diesem Modell eine Reihe sehr sinnvoller Konzepte erarbeitet, die in diesem Buch vorgestellt werden, z.B. die emotionale Erpressung, bei der Menschen im eigenen Umfeld über ihre Gefühle manipuliert werden, aber auch sogenannte »Rabattmarken« und »Gummibänder« sowie zahlreiche andere Methoden.

Ich möchte an dieser Stelle noch ein Wort zu den Autoren Olivier Nunge und Simonne Mortera sagen, die ich beide seit langer Zeit kenne und mit denen ich sowohl therapeutisch wie auch beruflich zusammengearbeitet habe. Ich kann mir keine geeigneteren Autoren für dieses Buch vorstellen. Beide haben intensiv sowohl an ihrer persönlichen Weiterentwicklung – mit den Mitteln der TA, der Gestalttherapie, der Bioenergetik und im Isolationstank – als auch an ihrer beruflichen Fortbildung gearbeitet und daneben Vorlesungen und Kurse zur Didaktik besucht. Sie wissen, wie man mit jüngeren Menschen arbeitet, weil sie lange Zeit in Therapiezentren für Kinder und Jugendliche mit den verschiedensten Schwierigkeiten tätig waren. Neben ihrer mehr als zwölfjährigen Erfahrung als Therapeuten haben sie in Unternehmen Einzelpersonen und Gruppen begleitet. In diesem Werk haben sie das meiner Ansicht nach Wichtigste zum Umgang mit Emotionen zusammengetragen – als Einstieg und Quintessenz für alle, die sich mit diesem Thema auseinandersetzen wollen.

Dafür gebührt ihnen Dank. Und natürlich wünsche ich Ihnen viel Spaß bei der Lektüre. Allerdings müssen Sie die Eier, die Sie in diesem Nest vorfinden werden, selbst ausbrüten. Dafür gehören die Überraschungen, die Sie dabei erwarten, ganz Ihnen.

Vincent Lenhardt

Vincent Lenhardt ist Spezialist für Management-Coaching und Präsident des Cabinet Conseil Transformance. Der Therapeut und Didaktiker war lange Jahre Präsident der EATA, der europäischen Gesellschaft für Transaktionsanalyse, und hat mehrere Bücher über Coaching, Kollektivdenken und Transaktionsanalyse verfasst.

Anmerkung

Die Frage nach der Natur menschlicher Gefühle, danach, was wir unter dem Begriff »Gefühl« zu verstehen haben, inspiriert Dichter, Denker und Forscher seit vielen Jahrhunderten. Nicht wenige Fachleute fühlen sich berufen, sich zu dieser Frage zu äußern: Biologen, Mathematiker, Statistiker, Philosophen, Theologen und natürlich Psychologen.

Gerade Letztere haben spezielle Methoden zur Arbeit mit Emotionen entwickelt, die je nach Richtung, der sie anhängen – Psychoanalyse, Gestalttherapie, Bioenergetik, Psychosynthese, Psychokybernetik, Verhaltenstherapie, humanistische Psychologie, spirituelle Psychologie –, jeweils anders aussehen.

In diesem Buch halten wir uns vor allem an das von Eric Berne in den 1950er-Jahren entwickelte Modell der Transaktionsanalyse und erweitern dieses durch Rückgriffe auf die Bioenergetik und die Neurolinguistische Programmierung (NLP).

Unser Ziel dabei ist, Ihnen Informationen, Erfahrungen und Tipps an die Hand zu geben, die Ihnen helfen, belastende Emotionen loszulassen und im Alltag besser mit Ihren Gefühlen umzugehen.

Statt einer Einführung

Auch mit seinen Gefühlen muss der Mensch
erst umgehen lernen.

Seit wir Kinder waren, versuchen wir uns zu
wappnen gegen Leid und Verletzungen, wie wir sie
in unserem familiären Umfeld erfahren haben.
Sobald wir befürchten, emotional verletzt zu werden, ziehen wir uns vorsichtshalber wie eine
Schnecke in unser Haus zurück, hinter unseren in-
neren Schutzpanzer, der den »Feind« am Eindringen hindern soll. Der Nachteil an diesem Rückzug
ist, dass jetzt auch Freunde nicht mehr zu uns
durchdringen können. Dieser Bruch mit den anderen führt jedoch auch zum Bruch mit uns selbst
und mit dem Leben, was wiederum großes Leid
erzeugt.

Leben heißt, Emotionen zu haben, den Fluss der
Energien in unserem Körper zu fühlen, damit unser Organismus normal funktionieren kann. Uns
von unseren Emotionen abzuschneiden bedeutet,
diesen Fluss zu blockieren – und damit unser
Leben zum bloßen Überleben zu machen, wenn
überhaupt.

Unsere Gefühle lassen sich mit unseren Körperorganen vergleichen: Jedes hat seine ganz spezielle Funktion. Aber während wir den Umgang mit unseren Körperfunktionen gelernt haben, gilt dies für den Umgang mit unseren Gefühlen nicht. Daher können wir oftmals »gesunde« Gefühle nicht von den negativen Auswirkungen verfälschter Emotionen unterscheiden. Doch wenn wir gegen unsere Gefühle ankämpfen, sie verdrängen, verschweigen oder sie übertreiben, verwandeln sie sich in negative Energien, die früher oder später unsere körperliche und seelische Gesundheit beeinträchtigen.

> **Alles, was wir nicht sagen, nicht ausdrücken können, macht uns irgendwann krank.**

Die Transaktionsanalyse eröffnet uns nun einen Weg, wie wir uns unseren Emotionen mit Optimismus und Selbstvertrauen nähern können, in dem Wissen, dass alle Gefühle letztlich sinnvolle, positive, ungefährliche und für unsere Entwicklung unabdingbare Reaktionen sind.
Selbst die als negativ angesehenen Emotionen sind wichtig und wertvoll, denn sie signalisieren uns,

was in Bezug auf unseren Umgang mit anderen Menschen sowie unsere Bedürfnisse und Wünsche nicht funktioniert.

Anders ausgedrückt, ist jede Emotion eine echte Energiequelle, die uns über die Macht des Wortes mit uns selbst und anderen Menschen in Kontakt bringt. Dieses Buch will Ihnen daher zeigen, wie Sie:

- Ihre Emotionen vor dem Hintergrund Ihres Lebens als Erwachsener richtig einschätzen lernen können,
- Ihre grundlegenden Gefühle und deren spezielle Funktionen besser kennenlernen können,
- die positive Botschaft in jeder emotionalen Regung erkennen,
- auf Emotionen konstruktiver reagieren können.

1

Was ist eine Emotion?

Eine Emotion ist ein Geschenk der Natur. In unserer Kultur haben Gefühle gewöhnlich einen schlechten Ruf und gelten als potenziell gefährlich. Heißt es denn nicht immer, man solle sich bloß nicht von seinen Gefühlen leiten lassen? Wut sei ein schlechter Berater? Wer etwas »im Gefühl« hat, erwartet meist etwas Unangenehmes. Und wenn jemand etwas wankelmütig ist, sagt man, er reagiere »nach Gefühl und Wellenschlag«. Die Liebesfreude, so warnt man uns, dauere nur einen Augenblick, Liebesleid aber ein ganzes Leben.

Schlagen wir doch einmal nach, was der Duden zum Thema »Emotion« sagt: Ihm zufolge leitet sich das Wort vom lateinischen *emovere* (»herausbewegen«, »emporwühlen«) ab, mit der Bedeutung »seelische Erregung«, »Gemütsbewegung«.

Und das Online-Psychologieportal Psychomeda ergänzt: »Emotionen können durch Wahrnehmungen, Gedanken und Erinnerungen ausgelöst werden und äußern sich in psychischen und psychologischen Zustandsänderungen.«

Das klingt ein bisschen nach unerfreulichen Komplikationen, die das Leben unnötig durcheinanderbringen, oder? Dagegen betont die Transaktionsanalyse den positiven Wert von Emotionen für den Menschen.

Ihr zufolge sind sie ein Geschenk, das uns die Natur bei der Geburt macht. Sie gehören sozusagen zu unserer Säuglingserstausstattung. Allerdings werden sie ohne Gebrauchsanweisung geliefert – was erklärt, weshalb wir dazu neigen, unsere Gefühle zu ignorieren. Was wir brauchen, ist also eine Art Bedienungsanleitung für den Umgang mit unseren Emotionen. Dabei helfen uns folgende Fragen:

● Wozu dienen unsere Emotionen?
● Wie funktionieren sie?

Die Antworten auf diese Fragen werden Ihnen bewusst machen, wie viel falsche Informationen wir in der Regel zum Thema Emotionen erhalten, denn im Gegensatz zu ihrem Ruf sind sie ein kostbares Werkzeug, um Probleme im Alltagsleben aufzudecken und zu lösen.

Authentische Gefühle

Ein authentisch ausgedrücktes Gefühl wird als *Reaktion* bezeichnet, das ist eine spontane emotionale Antwort auf ein bestimmtes Ereignis, das im Hier und Jetzt geschieht. Hier einige Beispiele:

- Wenn wir mitten auf der Straße stolpern, ist es angemessen, ein paar Sekunden Angst zu haben.
- Wenn wir merken, dass unser Sohn unsere Zahnbürste zum Schuheputzen benutzt hat, ist es normal, wütend zu sein.
- Wenn wir mit Freunden ein schönes Wochenende verbracht haben, dann sind wir beim Abschied ein wenig traurig.
- Wenn wir eine Prüfung bestanden, eine Stelle bekommen, ein gutes Geschäft abgeschlossen haben, freuen wir uns darüber.

Das wäre jedenfalls das, was die meisten Menschen in solchen Situationen empfinden und was – abhängig von Natur, Intensität und Dauer des Gefühls – als normale und angemessene Reaktion gelten kann.

Unglücklicherweise führen aber Unwissen, fehlende emotionale Erziehung, falsche Vorstellungen und sozialer Druck nicht selten dazu, dass wir unsere Gefühle auf verfälschte, entstellte oder sogar schädliche Weise ausdrücken, uns und anderen etwas vormachen.

Und das ist keine normale, gesunde, authentische Reaktion, welche die Essenz einer jeden Emotion darstellt, sondern eine unangemessene Verhaltensweise, ein falscher Gebrauch unserer psychischen Funktionen.

Die Vielfalt der Gefühle

Die Sprache kennt Hunderte von Worten, um die ganze Bandbreite der Emotionen zu benennen. Doch in unseren Seminaren stellen wir immer wieder erstaunt fest, dass viele Kursteilnehmer im Laufe einer Woche nicht mehr als vielleicht ein Dutzend verschiedene Gefühle erleben und benennen.

Schon das zeigt klar, dass es uns in dieser Hinsicht häufig an »Bildung« mangelt. Die meisten von uns begnügen sich damit, nur einen Bruchteil des ganzen Spektrums ihres Gefühlslebens zu erfahren.

Dabei können wir so vieles fühlen: Angst, Furcht, Verwirrung, Schuld, Panik, Unbehagen, Nervosität, Wut, Ärger, Bitterkeit, Zorn, Groll, Frustration, Scham, Verzweiflung, Abneigung, Kummer, Schmerz, Enttäuschung, Niedergeschlagenheit, Liebe, Zuneigung, Wertschätzung, Dankbarkeit, Neugier, Begeisterung, Leidenschaft, Entschlossenheit … Und diese Aufzählung ist keineswegs erschöpfend.

Die vier großen Emotionen und ihre Funktionen

Wir können all diese Emotionen vier großen Gruppen zuordnen:

1. *Angst:* Diese reicht vom simplen Erschrecken – weil wir auf der Treppe ausgerutscht sind – bis hin zur Panik – weil wir durch einen Bombenhagel rennen – und berührt dazwischen Gefühle wie Furcht, Anspannung, Verwirrung und Nervosität.

2. *Wut:* Diese beginnt beim Unwillen – weil die Ampel auf Rot springt – und geht bis zum »heiligen Zorn« – weil jemand unsere Familie oder unser Eigentum bedroht – und umfasst Reaktionen wie Genervtsein, Feindseligkeit, Bosheit, Frustration oder Raserei.

3. *Traurigkeit:* Diese fängt bei der Melancholie an – weil ein schöner Sonntag zu Ende geht – und endet bei tiefster Trauer – weil wir einen geliebten Menschen verloren haben. Dazwischen finden sich Gefühle wie Entmutigung, Sehnsucht oder Verzweiflung.

4. *Freude:* Sie reicht von der guten Laune – weil morgens beim Aufstehen die Sonne scheint – bis zum großen Glück – den Menschen heiraten zu können, den man liebt. Und zwischen diesen Polen empfinden wir beispielsweise Harmonie, Sympathie, Optimismus, Überschwang und Begeisterung …

Die Einteilung in vier Gruppen ist keineswegs willkürlich. Jede dieser Basisemotionen erfüllt eine spezielle Funktion, vergleichbar der physiologischen Ebene, wo Organe wie Herz, Lunge, Nieren bestimmte Aufgaben erfüllen:

- Das Herz pumpt das Blut durch den Körper.
- Die Lungen nehmen Sauerstoff auf und geben Kohlendioxid ab.

Egal, welches Körperorgan wir auch betrachten: Jedes einzelne erfüllt seine ganz spezifische Funktion, die sich nicht mit der Funktion eines anderen Organs überschneidet. Für ein Leben in

Gesundheit können wir auf keines von ihnen verzichten.

Dasselbe gilt für unsere Emotionen, die wir als die Organe unserer Psyche betrachten können. Auch hier erfüllt jede einzelne ihre ganz eigene Funktion. Bevor wir aber in den folgenden Kapiteln näher darauf eingehen, möchten wir Sie an dieser Stelle einladen, sich einen Moment Zeit zu nehmen und über die folgenden Fragen nachzudenken:

- Welche Funktion hat die Angst?
- Welche Funktion hat die Wut?
- Welche Funktion hat die Traurigkeit?
- Welche Funktion hat die Freude?

2

Wozu dient die Angst?

Die Angst warnt uns vor Gefahren und Bedrohungen. Hinter der Angst steht unser Bedürfnis nach Sicherheit. Ein Beispiel: Wir wollen die Straße überqueren. Da hören wir quietschende Reifen und sehen ein Auto mit hoher Geschwindigkeit auf uns zukommen. Wir haben Angst, überfahren zu werden, und treten deshalb schnell auf den Gehsteig zurück, um uns in Sicherheit zu bringen.

> **Die Angst ist das Gefühl,
> das uns zur Flucht animiert,
> um einer Gefahr zu entkommen.**

Wir können sie vergleichen mit dem Warnlämpchen in unserem Auto, das uns anzeigt, dass der Ölstand zu niedrig ist. Diese Warnung macht es uns möglich, das Auto rechtzeitig in die Werkstatt zu bringen oder rechts ranzufahren und selbst Öl nachzufüllen.

Zunächst einmal ist die Angst also ein positives Zeichen. Sie signalisiert uns eine Gefahr und ermöglicht uns damit, unser Verhalten so anzupassen, dass wir uns schützen können.

Zugegebenermaßen ist Angst kein angenehmes Gefühl, doch wenn sie uns sinnvoll und der Situation angemessen handeln lässt, kann man mit ihr leben. Ist das Problem beseitigt, verschwindet mit ihm auch die Angst. Echte, unverfälschte Angst dauert nur so lange an, wie die gegenwärtige oder künftige bedrohliche Situation besteht.

Angst bezieht sich auf die Zukunft, auf mögliche Schwierigkeiten, die für uns kurz- oder langfristig aus einer Gefahrensituation entstehen können. Vergangenheitsbezogene Ängste sind daher verfälscht und nicht funktional. Zum Beispiel ist eine Schlangenphobie, bei der der Betreffende sich rund um die Uhr vor Schlangen fürchtet, eine solche verfälschte Angst, weil ihre Auslöser in der Regel mehr in vergangenen Ereignissen zu suchen sind als in der aktuellen oder zukünftigen Bedrohung durch eine Schlange.

Ein gesunder Ausdruck von Angst wäre zittern, darüber reden, nicht allein bleiben wollen oder um

Hilfe bitten … Wenn wir unsere Angst aber verfälschen und uns ihr unangemessen verhalten, bringen wir uns damit in Gefahr. Um bei unserem Beispiel von eben zu bleiben: Ignorieren wir bei unserem Auto das Ölwarnlämpchen oder klemmen einfach das Kabel ab, riskieren wir, dass es zum Pleuellagerschaden kommt und der ganze Motor kaputtgeht.

Warum verfälschen wir unsere Ängste?

Die Gründe hierfür kamen weiter oben bereits zur Sprache: Kultur, Erziehung, ein Mangel an Wissen in Bezug auf die Funktionen unserer Emotionen. In der Folge fangen wir meist schon als Kinder an, unsere Gefühle zu verbiegen.

Eine klassische Angst von Kindern ist die Furcht vor der Dunkelheit. Eltern reagieren auf diese Angst häufig überrascht und fragen das Kind:

»Aber wovor fürchtest du dich denn?«

»Unter meinem Bett sind Tiger.«

»Aber Kleines, hier bei uns gibt es keine Tiger.«

Sie sehen für das Kind unters Bett, in den Schrank … und halten einen mehr oder weniger naturwissenschaftlichen Vortrag über Großkatzen und wo sie leben. Doch der Versuch, der Angst des Kindes mit Vernunft beizukommen, schlägt zwangsläufig fehl, denn Angst lässt sich nicht rationalisieren.

Die Frage, die in solch einem Fall angemessen wäre, lautet nicht »Warum hast du denn Angst?«, sondern »Was kann ich tun, damit du dich sicher fühlst?«. Das Kind weiß die Antwort: eine Geschichte vorlesen, ein kleines oder großes Licht anmachen, die Tür halb offen lassen … Aufgabe der Erwachsenen ist es, dem Kind zu helfen, etwas zu finden, womit es sich sicher fühlt.

Ich habe das mit meinen beiden Kindern so gemacht. Und ich weiß noch, wie überrascht ich war, als mein Sohn mir, als ich eines Abends wie üblich das kleine Licht anschalten wollte, sagte: »Weißt du, ich brauche das Licht eigentlich nicht. Ich habe schon lange keine Angst mehr.«

Ängsten sinnvoll begegnen

Wir können gar nicht oft genug betonen, dass Ängste sich nicht rationalisieren lassen. Über Angst lässt sich nicht streiten. Die einzig angemessene Reaktion darauf ist, alles Nötige zu tun, damit der ängstliche Mensch sich sicher und aufgehoben fühlt.

Betrachten wir noch ein Beispiel aus meinem unmittelbaren Umfeld: Da ich viele Kurse gebe, kommt es recht häufig vor, dass ich früh aufstehen und zum Veranstaltungsort fahren muss. Unser Haus ist ein wenig abgelegen, weshalb meine Frau in der ersten Zeit immer meinte: »Schließ bitte die Tür gut ab, wenn du gehst. Wenn du um fünf Uhr früh nicht da bist, fürchte ich mich.« Da ich eher klassisch vernunftorientiert erzogen wurde, erwiderte ich immer: »Wovor hast du denn Angst? Es passiert dir doch nichts.« Und meistens vergaß ich dann auch abzusperren.

Mittlerweile weiß ich, dass Ängsten mit Vernunft nicht beizukommen ist. Ich argumentiere deshalb nicht mehr lange, sondern drehe den Schlüssel zweimal um, wenn ich frühmorgens aus dem Haus gehe, damit meine Frau sich sicher fühlt.

Als ich diese Geschichte bei einem meiner Vorträge erzählte, meldete sich eine junge Frau und berichtete ihrerseits:

»Es freut mich, dass Sie davon berichtet haben. Ich bin 23 Jahre alt und studiere. Daher wohne ich noch bei meinen Eltern. Unser Haus liegt recht einsam. Wenn sie ausgehen und ich allein in dem großen Gebäude bin, habe ich immer wieder Angst. Aber ich kann meine Eltern natürlich nicht davon abhalten, wegzugehen. Bisher wusste ich einfach nicht, was ich tun sollte. Ich wollte nicht einmal darüber reden, denn ich fand es einfach nicht normal, dass eine 23-Jährige so viel Angst hat.«

Ich antwortete ihr, dass es – ebenso wie es echte und falsche Probleme gibt – eben auch begründete und unbegründete Ängste gebe. Wobei uns Letztere in der Regel mehr zu schaffen machen.

Aber auch für unbegründete Ängste lassen sich echte Lösungen finden. Denn je besser wir uns vor der Angst schützen, desto größer ist die Chance, dass sie verschwindet.

Als ich die junge Frau fragte, was sie denn nun vorhabe, antwortete sie: »Ich werde meine Eltern bitten, dass sie vorher Bescheid sagen, wenn sie ausgehen wollen. Dann kann ich eine Freundin herüberbitten oder selbst weggehen. So bin ich wenigstens nicht mehr allein mit meiner Angst in diesem großen Haus.« Eine simple Geschichte, die sehr schön zeigt, wie man mit Angst umgehen kann.

Ich erinnere mich auch noch an einen Vater, der eines Tages mit seinem 14-jährigen Sohn zu mir kam. Er war extrem aufgebracht und schimpfte gleich los: »Sie sind doch Psychologe. Dann erklären Sie mir mal, wieso dieser Bengel da total verrückt geworden ist. Gestern habe ich ihn doch auf der Bundesstraße erwischt, wie er auf seinem Mofa stehend mit ausgebreiteten Armen fuhr. Um die Zeit im Sommer kommen da mindestens 8000 Autos pro Tag durch …«

Ich bat den Vater, mir seine Geschichte ausführlicher zu erzählen, die Beziehung zu seinem Sohn zu erläutern und die ersten Jahre des gemeinsamen Lebens zu schildern. Der Vater meinte, er habe sich immer gut um seinen Sohn gekümmert, habe ihm Manieren und Vernunft beigebracht.

»Ich habe ihn wie einen richtigen Jungen erzogen«, versicherte er mir. »Ich wollte nicht, dass er immer rumplärrt wie eine Heulsuse. Anfangs war das vielleicht hart. Ich habe ihm aber gesagt, dass ein Junge nicht weine und keine Angst habe. Wenn wir früher in unser Ferienhaus auf dem Land fuhren, habe ich ihn schon mit sechs Jahren auf die Probe gestellt und Milch holen geschickt. Da musste er allein durch den Wald zum nächsten Bauernhof. Und er ist tatsächlich losgezogen.«

Ja, er zog los – mit zusammengebissenen Zähnen, bei jedem Rascheln der Blätter zusammenzuckend und die Hand um den Henkel der Milchkanne gekrallt. Um diese Situation, die sich ständig wiederholte, zu meistern und Papa eine Freude zu machen, lernte der Junge, seine Angst zu verdrängen und zu verfälschen, bis er sie nicht mehr spürte.

Ich habe diesem Vater dann erklärt, dass Angst eine sehr heilsame Funktion hat. Anders als allgemein angenommen, müssen wir – ob als Kinder oder als Erwachsene – unsere Ängste spüren. Sonst würgen wir das Signal ab, bis wir es schließlich gar nicht mehr empfangen können – und machen dann verrückte akrobatische Spielchen auf dem Mofa, weil wir schon lange nichts mehr fühlen.

Wer vor nichts Angst hat, lebt »mit einem Bein im Grab stehend«. Wer hingegen gelernt hat, mit seinen Ängsten umzugehen, kann Großes vollbringen. Der Trapezkünstler überprüft Netz und Seil, bevor er seine Kunst ausübt. Er kontrolliert jede einzelne Stütze. Dann erst kann er seine Wunder vollbringen, kann mit den Gesetzen der Schwerkraft spielen, denn er weiß: Wenn er fällt, wird er aufgefangen.

Angst ist gut für uns. Ihre Funktion ist, uns auf eine Bedrohung, eine Gefahr aufmerksam zu machen, damit wir Vorkehrungen treffen und uns schützen können.

Je angemessener wir unserer Angst begegnen, desto größer sind unsere Chancen, dass sie von selbst wieder verschwindet. Umgekehrt gilt: Je mehr wir unsere Ängste unter den Teppich zu kehren versuchen, desto mehr wachsen sie und desto mehr bringen wir uns in Gefahr.

Übung

- Machen Sie sich eine Angst bewusst, die Sie aktuell empfinden.
- Beschreiben Sie die Situation. Was ist passiert?
- Machen Sie sich Ihre Glaubenssätze, Wertvorstellungen und Fantasien im Hinblick auf diese Angst bewusst.
- Wie reagiert Ihr Körper?
- Was erwarten Sie von dieser Situation? Was brauchen Sie?
- Was können Sie tun, um sich zu beruhigen?
- Was werden Sie tun, um sich zu schützen?

Angst ist häufig ein Konflikt zwischen dem Wunsch, eine bestimmte Anforderung zu erfüllen, und dem Gefühl, es nicht zu schaffen.

3

Wozu dient die Wut?

Wut mobilisiert Energie in uns, um etwas zu verändern – z. B. Verhaltensweisen anderer oder auch unsere eigenen, mit denen wir nicht einverstanden sind.

In solchen Situationen wollen wir uns Respekt verschaffen. Nehmen wir z. B. an, jemand steigt uns auf den Fuß. Wir werden zornig und fordern lautstark: »Gehen Sie sofort von meinem Fuß runter. Sie tun mir weh.« Und der andere tut es.

> Wut ist das Gefühl, das uns bereit macht, anzugreifen und zu kämpfen bzw. uns einer Bedrohung zu stellen oder gegen etwas anzugehen.

Ein weiteres Beispiel aus eigener Erfahrung: Meine zwei Jungs werden jeden Sonntagmittag plötzlich taub. Wenn ich sie zum Essen rufe und meine Stimme dabei nur ganz leicht erhoben ist, so überhören sie das geflissentlich. Sobald ich aber mit der Energie der Wut »Zu Tisch« schreie, sind sie ganz schnell da.

Grundsätzlich ist also auch Wut eine gute Sache. Sie weist auf ein Problem hin und verleiht uns die Energie, etwas dagegen zu unternehmen. Wut bezieht sich auf eine aktuelle Situation und will einen Wandel bewirken. Daher ist es so wichtig, diese Emotion immer dann auszudrücken, wenn sie entsteht.

Dazu stehen uns verschiedene Mittel zur Verfügung: der Tonfall, die Lautstärke, in der wir sprechen, sowie jede andere Art der Energieentladung. Dabei sollten wir allerdings drei Regeln beachten:

- Tu dir selbst nicht weh.
- Tu anderen nicht weh.
- Schlag nichts kaputt.

Die Ursachen von Wut

Es gibt drei grundsätzliche Auslöser für Wut:

1. *Frustration:* Sie entsteht beispielsweise, wenn jemand sein Versprechen uns gegenüber nicht hält (ein Freund hält eine Verabredung nicht ein), wir nicht bekommen, was uns zusteht (unser Arbeitgeber enthält uns unseren Lohn vor) oder uns jemand etwas wegnimmt (wir kommen nach Hause und stellen fest, dass eingebrochen wurde).

2. *Eindringen in unser Territorium:* Grenzverletzungen jeder Art »wecken das Tier in uns«, indem sie unsere archaischsten Gehirnareale, das sogenannte Reptiliengehirn, aktivieren. Wenn Sie versehentlich die Hand in die Höhle einer Echse stecken, wird diese sehr wahrscheinlich zubeißen, da sie dieses Eindringen als Störung empfindet. Und genauso werden wir wütend, wenn jemand z. B. ohne anzuklopfen in unser Schlafzimmer platzt.

3. *Beschränkung unserer Freiheit:* Dabei macht es keinen Unterschied, ob die Beschränkung zeitlicher (jemand verfügt über unsere Zeit, ohne uns vorher zu fragen) oder räumlicher

Natur ist (wir stehen im Stau, oder im Supermarkt ist großer Andrang).

All diese Beispiele zeigen vor allem eines: Wut betrifft immer eine aktuelle Situation. Ihre Funktion ist, die Probleme, mit denen das Dasein uns unweigerlich konfrontiert, zu lösen – und zwar hier und jetzt.

Sie signalisiert uns, dass jemand uns etwas weggenommen hat, unsere Freiheit beschneidet oder in unser Territorium eindringt.

Sie erlaubt uns, Energie zu mobilisieren. Wenn wir unseren Ärger konkret machen und seine Ursachen erforschen, sind wir in der Lage, etwas zu unternehmen, um das Problem zu lösen und eine angemessene Reaktion zu finden.

Sie ermöglicht uns, unsere gesamte Energie zu fokussieren. Wenn wir wütend sind, denken wir nur noch an eines. Wir konzentrieren uns vollkommen auf das Problem, das es zu lösen gilt.

Sie gestattet uns, unsere Beziehung zu anderen zu überprüfen und befriedigender zu gestalten. Wenn etwa ein Paar den ersten großen Ehekrach hatte, tut es gut zu merken, dass man sich trotzdem noch liebt … Auch im Berufsleben tut es gut, Konflikte innerhalb der Gruppe anzusprechen und zu lösen, denn das stärkt den Zusammenhalt.

Ob Wut funktional ist, erkennen wir daran, dass daraus ein Verhalten folgt, welches zur Problemlösung führt – im Gegensatz zu nutzloser Gewalt oder bloßem Abreagieren, bei dem das Problem weiterhin bestehen bleibt.

Wie alle anderen Emotionen können wir auch unsere ursprüngliche Wut verfälschen und uns ihrer nicht angemessen verhalten. Denn Wut »verraucht« nicht. Wenn wir sie nicht im Augenblick ihres Entstehens ausdrücken, wird sie sich irgendwann auf negative Weise Bahn brechen, ob innerlich oder äußerlich.

Warum verfälschen wir unsere Wut?

Auch hier liegen die tieferen Gründe in der Erziehung und unserer Unkenntnis über die wahre Funktion unserer Gefühle. Von Kindesbeinen an lernen wir Dinge wie: »Wut ist ein schlechter Ratgeber.« Oder: »Nur böse Menschen werden wütend.« Und doch spüren wir Wut in uns, wagen aber nicht, sie auszudrücken, weil wir Angst vor den Reaktionen unserer Umwelt haben, Angst, zurückgewiesen zu werden oder das Missfallen anderer zu erregen.

Wir fürchten uns zudem davor, möglicherweise

Schaden anzurichten, wenn wir der Wut freien Lauf lassen, und mitunter sind wir auch im Zweifel und fragen uns: »Wozu soll das überhaupt gut sein? Es bringt ja doch nichts.«

Möglicherweise haben wir auch die Erfahrung gemacht, dass man sich in seine Wut wie in einem Zweikampf immer weiter hineinsteigern kann. Sobald mein Vater merkte, dass ich wütend wurde, wurde er noch zorniger als ich. Das konnte sich ordentlich aufschaukeln, und natürlich gewann am Ende er! Also lernte ich, den Mund zu halten.

Manchmal drücken wir unsere Wut nicht aus, um den anderen zu schützen: »In seinem Alter würde er das nicht mehr ertragen …« Oder: »Sie ist ja nur eine schwache Frau.«

Das sind nur einige Gründe, die uns veranlassen, unsere Wut im Zaum zu halten. Natürlich gibt es darüber hinaus zahllose andere: Der Mensch ist kreativ und erfindungsreich, auch in dem, was ihm nicht guttut. Wir möchten Sie daher einladen, die Gründe zu erforschen, die Sie daran hindern, Ihre Wut auszudrücken. Vor allem sollten Sie sich *bewusst* machen, dass es negative Auswirkungen auf uns und unser Leben hat, wenn wir die eigene Wut nicht deutlich artikulieren.

> **Was nicht ausgedrückt wird, setzt sich fest. Und was sich in uns festgesetzt hat, drängt irgendwann wieder an die Oberfläche.**

Angestaute Wut wird sich immer zu irgendeinem Zeitpunkt emotional Luft machen – in Gefühlen wie Angst, Beklemmung, Depression … Auch Schuldgefühle sind ein Ausdruck innerer Wut. Oder die Wut schlägt sich im Körper nieder: als Herz-Kreislauf-Probleme, Magenkrämpfe, Magengeschwüre, Rückenschmerzen … Daher ist es so wichtig, dass wir unsere Wut klar ausdrücken, um die eigene Anspannung zu reduzieren – ebenso wichtig wie die Ausscheidung über Darm und Blase auf körperlicher Ebene.

Um bei diesem Vergleich zu bleiben: Wir sollten schon als Kinder lernen, unsere Emotionen ebenso zu kontrollieren wie unsere Schließmuskeln. Wir bringen unseren Kindern bei, dass sie nicht einfach irgendwohin urinieren können, aber wir würden nie auf die Idee kommen, ihnen grundsätzlich zu verbieten, ihre Blase zu leeren (die Konsequenzen wären tödlich).

Sobald es aber um das »Ablassen« von Wut geht, lehren wir sie etwas ganz anderes: »Du darfst nicht einfach vor aller Augen Wutanfälle bekommen. Papa und Mama mögen das nicht.« Gleichzeitig zeigen wir dem Kind aber nicht, wie es auf angemessene Weise seine Wut ausdrücken kann. Und in der Regel tut das Kind, was wir sagen, und lernt so schon im Alter von fünf Jahren, seine Wut zu unterdrücken – bis es mit 45 einen Herzinfarkt bekommt.

Ideal wäre es, der Wut im Augenblick ihres Entstehens freien Lauf zu lassen, doch das geht leider nicht immer. Also müssen wir lernen zu differenzieren. Wie alle anderen Emotionen kann auch die Wut nicht jederzeit und überall einfach herausgelassen werden, ganz egal, wer uns gegenübersteht. Wir können ja auch nicht einfach überall und jederzeit Wasser lassen …

Daher ist es durchaus sinnvoll, in manchen Momenten seine Wut zu kontrollieren, um sie dann später abzulassen. Wenn es hier und jetzt nicht angemessen ist, sie auszudrücken, dann müssen wir sie erst einmal auf Eis legen.

Stellen Sie sich vor, jemand bringt Ihnen ein Fax, während Sie gerade ein wichtiges Telefonat führen. Natürlich werden Sie das Gespräch nicht unterbrechen, um das Fax zu lesen. Sie werden es aber auch nicht in den Papierkorb werfen. Vielmehr werden Sie es zur Seite legen und einen geeigneten Moment abwarten, um es zu lesen.

Nun stellen Sie sich vor, Sie fahren mit dem Auto und ein Polizist hält Sie völlig grundlos an. In diesem Fall ist Ihre Wut durchaus legitim. Trotzdem kann es unklug sein, ihr in diesem Moment freien Lauf zu lassen, sonst müssen Sie vielleicht mit auf die Polizeiwache. In solch einer Situation bleiben Sie also höflich. Wenn der Polizist Ihnen dann Ihre Papiere zurückgibt und Sie weiterfahren, können Sie – sowie Sie außer Hörweite sind – losbrüllen. Sie können im Auto sitzen und Ihrem Zorn Ausdruck verleihen, um die Spannung abzubauen – auf körperlicher und seelischer Ebene.

Wut lässt sich am besten stimmlich und durch Bewegung ausdrücken. Es geht darum, sich zu entladen, die Wut auszuscheiden, damit sie sich nicht ansammelt und Sie emotional vergiftet.

Für jede Form der Wut, die wir im Moment der Entstehung nicht ausdrücken können, sollten wir uns Zeit an einem geschützten Ort nehmen, wo wir sie allein oder mit einer Person unseres Vertrauens abbauen können. Wichtig ist, sie nach außen zu bringen, bevor sie uns schaden kann. Zu diesem Zweck können wir joggen, schreien, mit dem Fuß aufstampfen, auf einen Sandsack einschlagen …

In manchen japanischen Unternehmen ist es sogar erlaubt, dass die Angestellten ihren Zorn auf den Vorgesetzten vor dessen Foto herausschreien.

In solchen Augenblicken kommt es darauf an, loszulassen, aufzuhören, alles mit dem Kopf kontrollieren zu wollen, und unserem Körper zu vertrauen, der in seiner unendlichen Weisheit genau weiß, was nötig ist, um dieser Emotion angemessen Ausdruck zu verleihen.

In unserer Kultur neigen wir dazu, Angst vor dem allzu intensiven Ausdruck von Gefühlen zu haben. Wir wollen nicht hören, wie jemand laut schreit oder mit den Füßen stampft, weil wir dieses im Grunde recht harmlose Verhalten mit Gewalt verwechseln. Doch wir sollten uns bewusst machen, dass es möglich ist, unsere Wutenergie mit Intensität loszulassen, ohne dabei etwas kaputtzumachen oder uns und anderen wehzutun. Wir können die Wut nach außen bringen – für uns, nicht gegen die anderen.

Unkontrollierte Wut, die leicht in Gewalt umschlägt, ist hingegen keine angemessene Reaktion. Doch eine Wut, mit der wir umgehen können, verschafft uns Erleichterung. Danach fühlen wir uns wohler, und unser Körper kann sich regenerieren.

Wie wichtig für uns der richtige Umgang mit dem

Gefühl der Wut ist, beschreibt sehr anschaulich die Geschichte von der tugendhaften Schlange:

Es war einmal eine hochgiftige Schlange, die in einem Felsenloch in der Nähe eines Dorfes hauste. Mit ihrem Gift tötete sie zahlreiche Kinder. Vergebens versuchten die Dorfbewohner, ihrer Herr zu werden. Schließlich sahen sie nur noch einen Ausweg. Sie suchten einen heiligen Mann in seiner Einsiedelei auf und trugen ihm ihr Anliegen vor:

»Großer Meister, wende deinen Blick voller Erbarmen auf uns und setze deine spirituelle Kraft ein, um der Schlange in ihrem Todeswerk Einhalt zu gebieten.«

Der heilige Mann versprach zu helfen. Also begab er sich zum Felsenloch und zwang die Schlange mit der Kraft seiner göttlichen Liebe zu erscheinen. Alsdann befahl er ihr:

»Schlange, hör auf, den Kindern des Dorfes tödliche Bisse zu versetzen, und übe dich in der Praxis der Gewaltlosigkeit.«

Die Schlange schwor feierlich, ihm zu gehorchen. Bald darauf machte der Heilige sich zu einer Pilgerreise auf, von der er erst ein Jahr später wieder zurückkam. Bei seiner Rückkehr dachte er sich, er müsse unbedingt einmal nachsehen, ob die Schlange ihr Versprechen gehalten habe. Doch als er zum Felsenloch kam, fand er die Schlange dort halb tot

vor. Sie trug sieben große Wunden am Rücken. Als
er sie fragte, wie es dazu gekommen sei, antwortete
das Tier mit ersterbender Stimme:

»O heiliger Meister, Eure Belehrungen haben mir
diese Wunden eingetragen! Sobald die Kinder
merkten, dass ich nicht mehr gefährlich war, be-
warfen sie mich mit Steinen, wenn ich mich auf die
Suche nach Nahrung machte. Meist gelang es mir,
mich in mein Loch zu retten, trotzdem habe ich
diese sieben großen Wunden davongetragen. Meis-
ter, früher liefen die Kinder schon weg, wenn sie
mich nur sahen. Heute aber, wo ich mich in Ge-
waltlosigkeit übe, bin ich es, die fliehen muss!«

Nach diesen Worten berührte der Meister die
Schlange am Rücken, und alle Wunden heilten.
Lächelnd sagte er:

»Kleine Närrin! Ich habe dir verboten zu beißen,
aber nicht zu zischen.«

Übung

- Machen Sie sich die Wut bewusst, die Sie augen-blicklich beschäftigt.
- Beschreiben Sie die Situation: Was geschieht da? Hat man Ihnen gegenüber ein Versprechen gebrochen, Ihre Freiheit beschränkt oder verletzt jemand Ihre Grenzen?
- Machen Sie sich klar, welche Wert- und Glaubensvorstellungen Sie in Bezug auf diese Wut haben.
- Was spüren Sie auf physischer Ebene? Was sagt Ihr Körper?
- Was erwarten Sie von der Situation? Was brauchen Sie?
- Was werden Sie tun, um etwas zu ändern? Können Sie das Geschehen beenden, dem Verhalten Grenzen setzen? Können Sie Entschä-digung fordern? Ihre Grenzen deutlich machen? Die Wahrnehmung Ihres eigenen Territoriums den Umständen anpassen?
- Was werden Sie tun, um dieser Wut angemessen Ausdruck zu verleihen? Und wann?

Wut ist häufig ein Anzeichen dafür, dass ein wichtiges persönliches Kriterium, ein innerer Maßstab, verletzt wurde, ob von uns selbst oder anderen.

4

Wozu dient die Traurigkeit?

Traurigkeit lehrt uns, dass wir Dinge, die wir nicht ändern können, akzeptieren müssen. Sie ist eine angemessene Reaktion auf jede Art des Verlustes. In diesem Fall haben wir das Bedürfnis, getröstet zu werden. Ein Beispiel:

Stellen Sie sich einen Angler vor, der sich vorbeugt, um einen gefangenen Fisch mit dem Kescher aus dem Wasser zu holen. Dabei fällt ihm sein Feuerzeug ins Wasser. Seine erste Reaktion ist sicher Wut, weil er sich jetzt ein neues Feuerzeug kaufen muss. Dann aber kommt die Trauer. Das gute Stück hatte für ihn einen hohen ideellen Wert. In der nächsten – sagen wir – Viertelstunde nimmt das verlorene Feuerzeug sein ganzes Denken in Anspruch: Er erinnert sich an die Person, die es ihm geschenkt hat, daran, wie praktisch es außerdem war und was sein Verlust für ihn bedeutet. Und schon bleibt er bis zum Abend in gedrückter Stimmung. Am nächsten Tag kauft er sich ein billiges Feuerzeug. Und in der Woche darauf, als er sich darauf wieder einmal eine Zigarette anzündet, stellt er erstaunt fest: »Sieh mal an, ich habe gar nicht mehr an mein altes Feuerzeug gedacht.« Danach bedauert er noch manchmal, es verloren zu haben, doch immer seltener. Seine Trauer vergeht. Sie war funktional, weil sie ihm erlaubt hat, sich an die neue Situation anzupassen. (Beispiel aus George Thomson: »Fear, Anger, and Sadness«, in: *Transactional Analysis Journal* 13.1 (1983), 20–24.

Die Traurigkeit ist die Emotion, die mit dem Gefühl der seelischen Betäubung einhergeht, das wir empfinden, wenn wir einen geliebten Menschen oder ein wertvolles Objekt verloren haben. Zu dieser Reaktion gehört vor allem der Rückzug in sich selbst.

Auch wenn Sie das überraschen mag, so ist auch die Traurigkeit ein nützliches Gefühl, weil sie die Umstrukturierung des Lebens fördert, die nach einem Verlust nötig ist. Sie ist das Gefühl, das den Trauerprozess voranbringt.

Eine angemessene Form, seine Traurigkeit auszudrücken, ist Weinen, Seufzen und über den eigenen Schmerz sprechen sowie sich auch einmal in den Arm nehmen lassen.

Die Trauer hat immer mit der Vergangenheit zu tun: Der Verlust, mit dem ein Mensch fertig werden muss, hat bereits stattgefunden. Traurig zu sein in Bezug auf etwas, was in der Zukunft stattfindet, wäre daher ein verfälschtes Gefühl.

Abschied nehmen

Der Angler aus unserem Beispiel könnte weiterhin traurig über den Verlust seines Feuerzeuges sein. Er könnte das Ereignis im Nachhinein mit allerhand dramatischen, ja tragischen Zügen ausstatten. Oder sich vor lauter Trauer um den Verlust kein neues Feuerzeug mehr kaufen, aus Sorge, er könne auch dieses wieder verlieren. Er könnte sich in seiner Trauer einkapseln und schlimmstenfalls noch sämtliche Verluste, die er je erlitten hat, in die

Trauer um das Feuerzeug mit hineinpacken – bis er schließlich depressiv werden würde …

Doch die Natur hat uns mit Mitteln und Wegen ausgestattet, um auf angemessene Weise körperlich und seelisch mit Krisen und Prüfungen fertig zu werden. Wenn Ihr Kind sich beispielsweise am Knie verletzt, reinigen Sie die Wunde, und dank der körpereigenen Heilungskräfte schließt sie sich bald von alleine, bis am Ende das »Aua« ganz verschwunden ist.

Die Trauer und ihre einzelnen Phasen entsprechen diesem Wundheilungsprozess auf seelischer Ebene. Er ist in uns allen angelegt, und wenn wir zulassen, dass er sich auf seine natürliche Weise vollzieht, passen wir uns an den Verlust an. Das Leben ist danach natürlich nicht mehr dasselbe wie vorher, aber es geht weiter.

Der Preis, den wir dafür bezahlen, ist eine gewisse Zeit des Schmerzes, eine Trauerzeit, die wir als wenig angenehm erleben. Wir neigen dazu, Leid aus dem Weg zu gehen, doch in diesem Fall würden wir damit den Trauerprozess behindern. Dann kann die Wunde nicht heilen. Das wäre, als würde unser Kind sich weigern, die Verletzung an seinem Knie reinigen zu lassen.

Im Grunde genommen ist unser ganzes Leben eine Folge von Abschieden. Am Morgen müssen wir erst die wohlige Wärme unseres Bettes verlassen, dann das Haus ... und am Abend müssen wir uns vom Tag verabschieden, von allem, was wir gemacht oder nicht gemacht haben.

Unser Leben beginnt mit einem Abschied vom mütterlichen Uterus, wo wir es warm hatten, genährt und beschützt wurden. Mit der Geburt müssen wir uns an vieles anpassen, was uns ganz neu ist: die Temperatur, das Atmen, das Gestillt- oder Gefüttertwerden und eine Menge anderer Dinge mehr. Wir können davon ausgehen, dass wir während der Schwangerschaft an unserem Leben in der Gebärmutter hängen. Mit der Geburt erleben wir zum ersten Mal die Trennung von etwas, an dem wir anhaften, und die Trauer darüber.

Es gibt kein Leben ohne Anhaftung, keine Anhaftung ohne Trennung und keine Trennung ohne Trauer, die uns hilft, den Schmerz nach dem Verlust zu bewältigen. Nach der Geburt hängen wir an unseren Eltern, die sich um uns kümmern, uns aber auch gelegentlich allein in unserem Zimmer lassen. Jedes Mal, wenn es zur Trennung kommt, setzt der Trauerprozess ein, der es uns ermöglicht, uns von dem geliebten Menschen oder dem Objekt, an dem wir hängen, zu lösen.

Da uns das Leiden aber nicht behagt, neigen wir dazu, die Realität zu leugnen, anstatt den Schmerz auszuleben. Lieber versuchen wir, ihn beiseitezuschieben und etwas anderes an seine Stelle zu setzen, beispielsweise indem wir uns in unsere Arbeit flüchten, in Drogen, Machthunger oder Geldgier …

Diese Ersatzhandlungen führen uns aber nur in die Sackgasse. Es ist besser, sich einer Trennung zu stellen und den Schmerz zu akzeptieren, der mit dem Verlust einhergeht. So wie es für unser Kind besser ist, das Brennen durch das Mittel zur Wunddesinfektion zu ertragen, damit die Verletzung am Knie heilen kann. Wenn wir diesem Schmerz ausweichen, riskieren wir, das sich unsere Wunde entzündet.

Versuchen wir also, dem Schmerz über Trennung und Verlust aus dem Weg zu gehen, behindern wir damit den Trauerprozess und riskieren, dass unsere seelische Wunde sich nicht schließen kann und so zu einem dauerhaften emotionalen »Entzündungsherd« wird. Aber – und das ist auch das Leitmotiv dieses Buches – die Natur macht alles richtig. Wir müssen ihr nur ihren Lauf lassen, dann werden wir die Trauer mit der Zeit überwinden. Die Phasen, die so ein Trauerprozess durchläuft, finden Sie nachfolgend beschrieben.

Die Phasen der Trauer

Bei der Beschreibung der Trauerphasen orientieren wir uns weitgehend an der bahnbrechenden Arbeit von Dr. Elisabeth Kübler-Ross, an die sich auch andere Autoren anlehnen. Natürlich sind diese Phasen nicht unumstößlich. Ihre Dauer und Abfolge variiert von Mensch zu Mensch. Der eine verharrt länger in der einen Phase, während ein anderer sie schneller durchschreitet. Sie stellen deshalb eher Orientierungspunkte dar, die uns helfen zu begreifen, wo in unserer Trauerarbeit wir stehen, damit wir besser damit umgehen können.

Die 1. Phase der Trauer: das Nichtwahrhabenwollen

»Das kann doch nicht wahr sein. Das ist doch nicht möglich!« Diese Worte kommen uns als Erstes über die Lippen, wenn wir z. B. unsere Autoschlüssel verlegt haben. Wir suchen und suchen dann immer wieder an denselben Stellen.
Der erste Gedanke eines Menschen, dem man mitteilt, dass er eine potenziell tödliche Krankheit hat, ist: »Das kann nicht sein. Der Arzt muss sich irren.«

Ich habe diese Phase selbst durchlebt, als ich erfuhr, dass ein Raser, der eine rote Ampel übersehen hatte, einen meiner Freunde getötet hat. Im ersten Moment konnte ich diese traurige Nachricht überhaupt nicht verarbeiten. Die ganze Nacht lag ich wach, und auch am nächsten Morgen hatte ich noch Schwierigkeiten, diese neue Realität, die nicht in mein Konzept passte, anzunehmen. Ich weiß noch, dass mir dauernd folgende Worte durch den Kopf gingen: »Das kann nicht sein … Nicht er … Das kann nicht sein … Nicht er.«

Im Nichtwahrhabenwollen leisten wir der Realität Widerstand, indem wir eine gewisse Zeit lang so tun, als existiere der Verlust gar nicht. Diese Phase ist wichtig und nützlich, weil sie sozusagen als Stoßdämpfer für die als zu schmerzhaft empfundene Wirklichkeit dient. Sie ist die Schutzvorrichtung, die uns hilft, einen plötzlichen, besonders schweren Verlust zu verarbeiten. Dieses Stadium kann ein paar Minuten dauern, ein paar Monate, ein paar Jahre. Manche Menschen kommen nie darüber hinweg.

Doch so hilfreich diese Phase im ersten Moment auch ist, wir sollten sie weder fördern noch hinauszögern, da dies den Übergang zur nächsten Etappe verhindert. Denn sooft wir uns auch sagen mögen, dass das Geschehene nicht wahr sein kann, die Realität ist eine andere. Im Fall meines Freundes bedeutete das, dass er tot war. Und es lag nicht in meiner Macht, das zu ändern.

Die 2. Phase der Trauer: Zorn, Protest, Auflehnung

»Warum passiert so etwas ausgerechnet mir? Das ist doch nicht gerecht! Was habe ich falsch gemacht?« »Ich habe doch niemandem etwas getan.« In dieser Phase sind wir zornig gegen Gott und die Welt, denn: »Wenn es einen Gott gäbe, würde er so etwas nicht zulassen.« Im Fall meines Freundes war ich wütend

- auf mich: »Ich hätte ihm meinen Wagen nicht leihen dürfen.«
- auf ihn: »Wie oft habe ich ihm gesagt, er soll langsamer fahren.«
- auf die Gesellschaft: »Was treibt eigentlich die Polizei? Und wieso hat den Raser niemand aufgehalten? Ist doch immer dasselbe: Es braucht erst Dutzende Tote, bevor etwas für mehr Sicherheit getan wird …«

In dieser Phase der Trauer kommen Verhaltensmuster aus unserer frühen Kindheit wieder an die Oberfläche: Als wir noch klein waren und Mama uns in unserem Zimmer allein gelassen hat (Trennung), reichte es manchmal aus, einfach seine Wut herauszuschreien, damit sie zurückkam. Und wenn unser großer Bruder uns gewaltsam unseren Teddy wegnahm, war ein kleiner Wutanfall genug – schon waren die Eltern da und sorgten dafür, dass wir unser Spielzeug zurückbekamen. So hat sich bei uns die Vorstellung eingeschliffen, Wut würde uns das verlorene Objekt zurückbringen.

Diese zweite Trauerphase ist wichtig, weil wir in ihr überprüfen, ob wir das verlorene Objekt zurückbekommen können. Je mehr wir an dem Verlorenen gehangen haben, desto intensiver fällt unsere Wut in diesem Stadium aus.

Die Pfleger und Pflegerinnen in Krankenhäusern und Hospizen kennen diese Phase gut: Die Kranken sind dann auf alles und jeden zornig, vor allem auf Krankenschwestern, Ärzte, die Küche … Auch diese Phase will respektiert werden. Doch sollte sie ebenfalls nicht genährt werden, um den Übergang zur nächsten nicht zu behindern.

Um das Beispiel meines Freundes wieder aufzunehmen: Mein Zorn gegen den Rest der Welt brachte ihn nicht wieder zurück.

Die 3. Phase der Trauer: die Angst

Nach und nach werden wir uns der Realität bewusst – und damit auch unseres Verlustes. An diesem Punkt empfinden wir oftmals Angst, Zweifel, ein Gefühl der Unsicherheit und Unruhe bis hin zur Panik: »Was fange ich nur ohne meine Schlüssel an?« »Wie werde ich bloß mit dieser Krankheit fertig?« Oder im Falle meines Freundes: »Wie soll ich nur ohne ihn leben?«

Dieser Verlust rührte an meine tief sitzende Angst vor dem Verlassenwerden. Außerdem nahm ich selbst regelmäßig diese Straße. War ich also in Gefahr, ebenfalls durch einen unachtsamen Raser aus der Welt der Lebenden gerissen zu werden?

Einem Aidskranken beispielsweise könnte sich in diesem Stadium die Frage stellen: »Und wenn mein Zustand alle Menschen abschreckt, sodass sie mich nicht mehr als einen der ihren akzeptieren?« Solche Gedanken berühren unsere tiefsten Ängste davor, zurückgewiesen oder verlassen zu werden, einsam und allein dazustehen.

Und lässt sich die bange Frage nach der Stunde unseres Todes letztlich nicht auf eine ganz andere zurückführen: »Was, wenn auf der anderen Seite niemand auf mich wartet, um mich dort in Empfang zu nehmen?«

Auch diese Phase der Trauer ist wichtig, und sie

erinnert uns daran, dass Angst sich nicht mit dem Verstand lösen lässt. Trotzdem müssen wir Vorkehrungen treffen, damit wir die nächste Phase erreichen.

Die 4. Phase der Trauer: das Verhandeln

In diesem Stadium versuchen wir mit uns selbst oder Gott die Bedingungen auszuhandeln für ein längeres Leben, Freiheit von Schmerz, Schuldgefühlen oder Ängsten:

- Ja, ich habe Lungenkrebs, aber wenn ich aufhöre zu rauchen, meine Medikamente regelmäßig nehme, immer zum Arzt gehe, viel bete …
- Ja, mein Freund ist tot, doch das ist nicht mein Fehler. Ich kann nichts dafür. Ich war nicht dabei. Und ich habe ihm immer geraten, vorsichtig zu fahren.
- Ja, ich nehme diese Straße häufig, doch wenn ich mir ein großes Auto mit ABS, Airbag und anderen Sicherheitsvorkehrungen kaufe …

Auch in dieser Phase greifen wir auf Strategien zurück, die wir als Kind entwickelt haben, um beispielsweise nicht ins Bett gehen zu müssen, weil wir Angst vor der Dunkelheit hatten. Dann haben wir unseren Eltern 1000 Fragen gestellt, von denen eine so wichtig war wie die andere. Oder wir haben das »Nur noch fünf Minuten«-Spiel gespielt. Kurz: Wir haben alles getan, um den gefürchteten Moment so lange wie möglich hinauszuschieben.

Und so hat auch diese Phase ihre einzigartige Berechtigung. Sie muss respektiert, sollte aber nicht endlos verlängert werden. Denn gerade jetzt sind wir besonders verletzlich und klammern uns an jeden Strohhalm, was Scharlatane und Sekten leider nur allzu gut für ihre Zwecke zu nutzen wissen, indem sie bei Betroffenen falsche Hoffnungen nähren.

Wird der Impuls des Verhandelns nicht behindert, führt er ganz natürlich zur nächsten Phase – dem Augenblick, den wir schon vom ersten Moment an gefürchtet haben.

Die 5. Phase der Trauer: die Traurigkeit

Nachdem das Geschehen und das Leid, das es unweigerlich mit sich bringt, nicht mehr geleugnet wird, folgt das Gefühl tiefster Niedergeschlagenheit und Verzweiflung, die Depression:

- Ja, ich habe mein Feuerzeug verloren. Es ist ins Wasser gefallen, und ich werde es nie wiedersehen.

- Ja, ich habe eine schwere Krankheit und ich kann nicht viel dagegen tun.
- Ja, mein Freund ist tot und ich kann nur noch um ihn weinen.

Die Phase der Depression ist nicht mit der psychischen Erkrankung gleichen Namens zu verwechseln, denn bei der Trauer wissen wir ja, weshalb wir leiden. Die Trauerdepression folgt auf einen tatsächlichen Verlust und bringt uns zum ersten Mal in direkten Kontakt mit unserem tiefen Schmerz.

Eine Trauerdepression macht sich meist durch Energiemangel bemerkbar, durch das Bedürfnis nach Rückzug. Nun können wir loslassen und die innere Beziehung zu dem Menschen oder dem Objekt, das wir verloren haben, der veränderten Realität anpassen.

Diese fünfte Phase ist besonders wichtig, weil wir damit im Auge des Sturms angekommen sind, im Zentrum des Schmerzes. In diesem Stadium brauchen wir jemanden, der uns hält, uns zur Seite steht und dabei über die nötige emotionale Distanz verfügt, sich unseren Schmerz anzuhören, ohne ihn sich zu eigen zu machen. Jemanden, der uns in mitfühlendem Schweigen zuhört, sodass wir das Gefühl haben, trotz unseres Schmerzes Teil der menschlichen Gemeinschaft zu sein.

Gerade wenn das Leid groß ist, sehnen wir uns nach Liebe und Zugehörigkeit. Bekommen wir diese nicht, kann es passieren, dass unsere Trauer krankhaft wird und wir den Sinn des Lebens aus den Augen verlieren. Im schlimmsten Fall denken wir dann über Suizid nach oder bitten andere um Sterbehilfe – lieber tot sein, als den furchtbaren Schmerz über unseren Verlust zu fühlen.

Wir sollten in jedem Fall darauf verzichten, unseren Schmerz – egal, mit welchen Mitteln – wegzudrücken, auch wenn es immer noch Ärzte und Psychologen gibt, die genau das empfehlen. Die Phase der Trauerdepression, des Loslassens ist unumgänglich, denn gut begleitet stößt sie die Tür zur letzten Phase weit auf.

Die 6. Phase der Trauer: die Akzeptanz

In dieser Phase angekommen, sind wir in der Lage, auf angemessene, reife Weise mit den schmerzlichen Tatsachen umzugehen. Wir kämpfen nicht länger gegen sie an, resignieren aber auch nicht, denn das wäre nur eine andere Art, die Realität abzuspalten.

An diesem Punkt können wir unserem Leiden einen Sinn geben und uns somit wieder auf den Sinn unseres Lebens konzentrieren. Wir akzeptieren den

Verlust und passen unser Leben den veränderten Gegebenheiten an.

Erinnern wir uns noch einmal an das Beispiel mit dem Angler.

Wir können in aller Ruhe über den Verlust sprechen, unsere damit verbundenen Emotionen akzeptieren, ohne von ihnen davongetragen zu werden. Und genau so geht es mir, wenn ich heute an den Tod meines Freundes denke. Weil ich alle Phasen der Trauer durchlebt habe und er jetzt, da er körperlich tot ist, in mir weiterlebt, in meinem täglichen Leben, durch Dutzende kleiner Zeichen.

Für den Verlust des Partners gilt: Mit dem Eintritt in die Phase der Akzeptanz hat man die psychologische Witwen- oder Witwerschaft überwunden. Die verwitwete Person fängt nun wieder an, Pläne zu schmieden, auch ohne den verlorenen Partner.

Wenn wir wissen, dass wir bald sterben werden, dann ist diese Phase der »Anfang vom Ende«. Wir nehmen uns die Zeit, mit allem abzuschließen, die Dinge zu ordnen, uns mit uns selbst und anderen zu versöhnen.

An diese sechs wichtigsten Phasen des Trauerprozesses können sich noch andere, spirituell orientierte anschließen: das Vergeben zum Beispiel. Doch wir möchten uns an dieser Stelle auf unser Fachgebiet, die Psychologie, beschränken.

Zum Schluss sei noch einmal erwähnt, dass diese sechs Phasen in ihrem Vorkommen, ihrer Dauer, Ausprägung und Reihenfolge relativ sind. Nichtsdestotrotz können sie als wichtige Anhaltspunkte gelten, die uns helfen, unseren Trauerprozess richtig einzuschätzen.

Übung

- Vergegenwärtigen Sie sich die Trauer, die Sie aktuell empfinden.
- Beschreiben Sie die Situation. Was ist passiert? Welchen Verlust haben Sie erlitten?
- Machen Sie sich Ihre Wert- und Glaubensvorstellungen in Bezug auf diesen Verlust bewusst.
- Was empfinden Sie auf der körperlichen Ebene?
- Wo im Trauerprozess stehen Sie?
- Was erwarten Sie von dieser Situation? Was brauchen Sie?
- Was können Sie tun, um sich zu trösten?
- Was werden Sie tun, um Ihre Trauer zu beenden, ohne die einzelnen Phasen abzukürzen?

Traurigkeit signalisiert uns, dass es Zeit ist, loszulassen und den Kurs zu ändern. Sie ist der Kraftstoff für unsere Vorstellungswelt und sie ermöglicht uns, ein Leben ohne das, was wir verloren haben, zu führen.

5

Wozu dient die Freude?

Die Freude ist dazu da, mit anderen zu teilen, einen Kreislauf von Energie und Vitalität zu schaffen. Dahinter steht das Bedürfnis, sich geliebt, geschätzt, anerkannt und bewundert zu fühlen.

Auch hierzu ein Beispiel: Stellen Sie sich vor, Sie haben Partner und Kinder weggeschickt, weil Sie den Frühjahrsputz machen wollen, ohne dass jemand herumwuselt. Sie fangen an zu putzen, da klingelt das Telefon. Ein Notar ist am Apparat, der Ihnen sagt, Sie hätten eine große Summe Geld geerbt. Noch während Sie den Hörer auflegen, bemerken Sie, wie Ihre Stimmung umschlägt. War es vor ein paar Minuten noch in Ihrem Sinne, allein zu sein, fehlen Ihre Lieben Ihnen jetzt, denn Sie haben nur noch eines im Sinn: Ihre Freude mit ihnen zu teilen und sich dann gemeinsam auszumalen, was Sie mit dem Geld machen werden.

Freude signalisiert uns, dass wir ein Ziel erreicht, etwas geschafft haben.

> Freude ist das Gefühl,
> das uns dazu drängt, unser
> Wohlgefühl, unser Vergnügen mit
> anderen zu teilen. Sie ist ein starker
> Motor, setzt aber eine gewisse
> Öffnung, ein Zugehen auf
> andere voraus.

Freude ist ein Beziehungsmagnet, denn wenn wir authentische Freude ausdrücken, zieht dies unweigerlich die Sympathie anderer an. Sie lässt uns auftauen, unsere Scheu verlieren und offener werden. Wer Freude empfindet, traut sich viel mehr zu, weil sie uns das Gefühl gibt, alles sei möglich.

Die Freude ist gut für uns, denn wenn wir teilen, fühlen wir uns lebendig, werden vitaler. Einige Möglichkeiten, Freude auszudrücken, sind: laut rufen, springen, lachen, gestikulieren, andere umarmen …

Vor einigen Jahren habe ich mich mit einem Freund zusammen auf ein Examen vorbereitet. Wir haben drei Monate miteinander gepaukt. Bald war der Tag der Prüfung da, und irgendwann hing dann die Liste mit den Namen derjenigen, die bestanden hatten, an der Tür des Instituts. Um dorthin zu gelangen, mussten wir einen etwa 400 Meter langen Platz überqueren. Als wir endlich vor dem Aushang standen, hatte ich meinen Namen schnell entdeckt. Doch der Name meines Freundes fand sich nirgends. Als ich mich zu ihm umdrehte, wurde mir klar, dass er durchgefallen war ... Was war passiert? Plötzlich war ich hin- und hergerissen zwischen zwei Emotionen: der Freude, bestanden zu haben, und der Trauer darüber, dass mein Freund es nicht geschafft hatte.

Also wagte ich nicht, meiner Freude Ausdruck zu verleihen. Sie können mir glauben: Dieser Platz, den ich anschließend an der Seite meines Freundes erneut überquerte, schien mir auf einmal 20 Kilometer lang!

Warum verfälschen wir unsere Freude?

Wie bei allen anderen Emotionen lernen wir auch bei der Freude schon früh, sie zu verfälschen.

Stellen Sie sich einen kleinen Jungen vor, der im Garten einen Riesenspaß mit einem neuen Spielzeug hat. Also rennt er laut juchzend ins Haus, wo er unbedingt alle an seiner Freude teilhaben lassen möchte. Dort trifft er auf seinen Vater, seine Mutter und seine große Schwester, die ihn alle streng angucken.

Sein Vater sieht auf ihn herunter und schimpft: »Schämst du dich nicht, hier herumzutoben und so einen Krach zu machen, wo Großpapa doch gerade erst gestorben ist? Nimm dir ein Beispiel an deiner Schwester!«

Wir können uns wohl unschwer vorstellen, wie die Freude des kleinen Jungen in sich zusammenfällt. Möglicherweise schließt er aus den Worten seines Vaters, dass seine Freude grundsätzlich unpassend ist, und fasst den Beschluss, sie in Zukunft nie wieder offen zu zeigen. Es kommt zu einer Art psychischer »Verstopfung« in Bezug auf die Freude.

Wir alle haben in unserem Bekanntenkreis einen Menschen, der »eigentlich alles hat, um glücklich zu sein«, wie man so schön sagt, und es dennoch nicht ist. Vermutlich hat er eine gute Ausbildung, einen tollen Beruf, ein hohes Einkommen, lebt in einem schönen Haus, in seiner Beziehung läuft es prima, seine Kinder sind hinreißend und außerdem gut in der Schule.

Doch trotz all dieser äußeren Anzeichen für Glück scheint dieser Mensch sein Leben nicht als befriedigend zu empfinden. Er ist hochgradig effizient in allem, was er tut, bis auf eines: Es gelingt ihm nicht, mit sich selbst zufrieden zu sein.

Wir haben in unserer psychotherapeutischen Praxis zahlreiche Menschen kennengelernt, die depressiv waren, weil sie alles im Leben erreicht hatten. Da war zum Beispiel der leitende Angestellte, der lange Zeit auf eine hochrangige Position hingearbeitet hatte und drei Monate nach seiner Beförderung von einer tiefen Niedergeschlagenheit befallen wurde. Und das sind keine Einzelfälle!

Selbst ein Mensch, der alles erreicht hat, kann dennoch das Gefühl haben, gescheitert zu sein. Selbst wenn wir höchst erfolgreich sind in dem, was wir tun, sitzt irgendwo tief in uns eine durch Kultur und Erziehung eingeimpfte Botschaft, die uns das Ganze vermiest: »Du sollst die Früchte deiner Arbeit nicht selbst ernten.« »Du darfst keinen Spaß daran haben.« Und sogar das Sprichwortarsenal hält eine perfide Drohung für uns bereit: »Das Bessere ist der Feind des Guten.«

Wir nennen dies das Lucky-Luke-Syndrom. Sie wissen schon, der Held der berühmten Comicserie, der »schneller zieht als sein Schatten«. Zu Beginn jedes Albums sind seine Gegner, die Verbrecherbande der Daltons, frei und terrorisieren die Stadt. Dann greift Lucky Luke ein, bringt die Daltons ins Gefängnis, und es kehrt wieder Frieden und Freude ein. Für alle bis auf einen: Lucky Luke, der ein »armer, einsamer Cowboy« bleibt.

Erinnern Sie sich an das letzte gelungene Fest, das Sie organisiert haben? Sie haben vorher einen genauen Plan gemacht, diesen bis ins Kleinste umgesetzt, und als die Party auf dem Höhepunkt war und man Sie reihum beglückwünschte, waren Sie da nicht längst ganz woanders mit den Gedanken?

- Wie kriege ich das morgen bloß wieder sauber?
- Wie soll ich das beim nächsten Mal noch übertreffen?
- Werde ich nicht morgen viel zu müde sein, um zu arbeiten?

Sie sind also bereits mit einem ganz anderen Projekt beschäftigt und haben dabei eine Stufe übersprungen: die, auf der Sie die Früchte Ihres Erfolgs genießen, sich entspannt zurücklehnen, Ihre Freude auskosten und sich die Zeit nehmen, sie mit den anderen zu teilen. Dabei ist gerade das Verankern einer positiven Erfahrung eine gute Gelegenheit, um ein neues Projekt entstehen zu lassen.

Das ist wie mit den einzelnen Phasen der Trauer: Wenn Sie eine überspringen, werden auch die anderen in Mitleidenschaft gezogen. Nehmen wir uns die Zeit nicht, die kleinen Freuden des Alltags und die großen des Lebens zu genießen, lassen wir andere daran nicht Anteil haben, fehlt es uns bald an der Lebensenergie, die für unser Wohlbefinden so wichtig ist. Ohne Energie, ohne Vitalität werden wir anfälliger für psychische Störungen (wie Depressionen) oder somatische Krankheiten (z. B. Magengeschwüre oder einen Infarkt).

Aus diesem Grund ist es so wichtig, auch mit der Emotion »Freude« richtig umzugehen. Nehmen Sie sich Zeit, sie mit anderen zu teilen, und achten Sie dabei auf die »Muffel«, die jeder von uns kennt.

Der richtige Umgang mit Freude

Stellen Sie sich folgende Situation vor: Ihr Sohn hat seine Prüfungen alle bestanden, und Sie rufen Onkel Gustav an: »Stell dir vor, Julian hat sein Abitur in der Tasche.« Antwort: »Na, das ist ja heutzutage der direkte Weg in die Arbeitslosigkeit.« Diese Bemerkung verdirbt Ihnen vermutlich die Freude, oder?

Und die Moral von der Geschichte: Eine Art, gut mit der Emotion »Freude« umzugehen, ist, sich gegen die Miesmacher zu schützen.

Daher möchten wir Ihnen vorschlagen, das Lucky-Luke-Syndrom gegen das Asterix-und-Obelix-Syndrom auszutauschen. Denn diese beiden feiern

jedes bestandene Abenteuer bei einem traditionellen Bankett mit der gesamten Dorfgemeinschaft.
Es ist wichtig, Spaß haben zu können und jeden Moment der Freude im Leben zu genießen:

- Nehmen Sie sich Zeit, Ihre Freude mit anderen zu teilen.
- Seien Sie zufrieden mit dem, was Sie erreicht haben.
- Genießen Sie jeden einzelnen Aspekt eines Projekts: die Planung, die Umsetzung, den Erfolg und die Freude darüber.
- Tun Sie etwas, das Ihnen Spaß macht.

Kurz gesagt: Tun Sie alles dafür, um die Emotion »Freude« ganz auszuleben, denn daraus können Sie die Vitalität und Energie ziehen, die Sie für ein erfülltes Leben brauchen.

Übung

- Machen Sie sich einen Augenblick der Freude bewusst, den Sie jetzt gerade erleben (oder vor Kurzem erlebt haben).
- Beschreiben Sie die Situation: Was ist passiert? Was ist Ihnen Schönes widerfahren?
- Machen Sie sich Ihre Wert- und Glaubensvorstellungen bewusst, die mit dieser Freude in Zusammenhang stehen.
- Was verspüren Sie im Körper?
- Was erwarten Sie von dieser Situation? Was brauchen Sie?
- Was werden Sie tun, um sich die Energie dieser Freude zu bewahren?

Die Freude ist eine große innere Antriebskraft, die uns offen auf andere Menschen zugehen und mit ihnen teilen lässt. Sie ist ein echter Beziehungsmagnet, durch sie wird alles möglich.

6

Wie wir unsere Emotionen verfälschen

Warum sind wir so oft nicht in der Lage, von unseren Gefühlen auf sinnvolle Weise Gebrauch zu machen, so wie es ihrer natürlichen Funktion entspricht?

Warum nutzen wir unsere Ängste nicht dazu, uns vor Gefahren zu schützen, unsere Wut nicht dazu, Dinge in unserem Leben zu ändern, die nicht stimmen?

Und wenn wir etwas oder jemanden verloren haben, warum gestatten wir uns oftmals nicht, unsere Trauer überhaupt wahrzunehmen, geschweige denn, sie auszudrücken?

Und warum sind wir meist zu wohlerzogen, um unsere Freude offen zu zeigen?

Auf diese Fragen haben wir bereits einige Antworten gefunden: unsere Erziehung, unsere Kultur, fehlendes Wissen um die Funktion unserer Gefühle bzw. den richtigen Umgang mit ihnen. Doch dazu kommt noch ein weiterer Grund, der auf so gut wie jeden von uns zutrifft: Wir neigen dazu, unsere Emotionen durcheinanderzubringen und miteinander zu vermischen. Damit riskieren wir beispielsweise, in unserer Wut stecken zu bleiben, weil wir nicht erkennen, dass dahinter Angst und Traurigkeit stehen.

Ein Beispiel: Stellen Sie sich eine Frau vor, die unter Depressionen leidet. Ihr Mann hat sich von ihr scheiden lassen, und sie kommt einfach nicht über den Verlust hinweg. Vielleicht will oder kann sie nicht mit ihrer Wut auf ihren Exmann in Kontakt kommen. Oder mit ihrer Angst vor dem Alleinsein. Was auch immer der Grund sein mag: Sie verharrt in der Emotion »Traurigkeit« und übersieht dabei, dass sie gleichzeitig auch Wut und Angst empfindet. Aber solange sie sich mit diesen Emotionen nicht auseinandersetzt, ist der Trauerprozess blockiert. (Beispiel aus George Thomson: »Fear, Anger, and Sadness«, in: *Transactional Analysis Journal* 13.1 (1983), 20–24.

Der gleiche Grundsatz gilt auch für die anderen Emotionen: Bei einer Panik beispielsweise ist der Betroffene »festgeklemmt« in seiner Angst, weil er den Kontakt mit der darunterliegenden Wut scheut – vermutlich, weil er schon als Kind gelernt hat, diese Emotion zu unterdrücken.

In unserer psychotherapeutischen Praxis begegnen wir nicht selten jungen Leuten, die sich in ihrer Wut geradezu verbarrikadieren und dann straffällig werden. Sie leben in ständiger Auflehnung, denn Angst zu zeigen war in ihrem sozialen Umfeld gefährlich, und ihre Traurigkeit hätte sie in Kontakt mit der Hoffnungslosigkeit ihres Lebens gebracht, das scheinbar keinerlei Zukunftsaussichten für sie bereithielt. Und dies alles zu spüren hätte sie bald in tiefe Depression versinken lassen. Wenn wir an einer blockierten Emotion arbeiten, ist es gewöhnlich erforderlich, sich auch die drei anderen Basisemotionen bewusst zu machen und sie auszudrücken. Um in Zukunft sinnvoll mit unseren Gefühlen umgehen zu können, sollten wir uns zunächst klarmachen, auf welche Weise wir diese bislang an ihrem authentischen Ausdruck hindern.

Die Transaktionsanalyse hat diesbezüglich drei Modelle entwickelt:

- Das Sammeln von Gefühlen *(Rabattmarken)*
- Reaktive Gefühle *(Gummiband)*
- Ersatz- oder Maschengefühle *(Racket)*

Das Sammeln von Gefühlen (Rabattmarken)

Hier geht es darum, dass wir dazu neigen, Emotionen gleichsam zu sammeln und aufzustauen. Lassen Sie mich das an einem persönlichen Beispiel verdeutlichen:

Ich stehe morgens auf, gehe ins Bad und stelle fest, dass mein Sohn meine Zahnbürste dazu benutzt hat, seine Sportschuhe zu putzen. Ich werde wütend, während das »Objekt« meines Zorns gerade breit lächelnd ins Badezimmer kommt und mich liebevoll umarmt: »Guten Morgen, Papa.« Ich schlucke meine Wut hinunter und zische hinter zusammengebissenen Zähnen: »Guten Morgen, mein Sohn.«

Nach einem kurzen Frühstück springe ich in meinen Wagen. Ich drehe den Zündschlüssel herum und stelle fest, dass fast kein Benzin mehr im Tank ist. Meine liebe Frau hat den Wagen gestern gefahren und vergessen aufzutanken. Wie oft habe ich ihr schon gesagt, dass derjenige, der den Wagen benutzt, auch an die Person denken muss, die ihn als Nächstes braucht!

Ich bin wütend, doch meine Angetraute schickt mir gerade ein liebevolles »Schönen Tag, Liebling«

hinterher und strahlt mich vom Fenster aus an. Wieder schlucke ich meine Wut hinunter, beiße die Zähne zusammen und antworte: »Danke, dir auch.«

Ich komme ins Büro und treffe dort auf die Putzfrau. Ich muss feststellen, dass sie »schon wieder« meinen Schreibtisch aufgeräumt hat. Wie oft habe ich sie schon gebeten, sie soll die Finger von meinen Sachen lassen? Ich habe meine höchstpersönliche kreative Unordnung, und wenn jemand die durcheinanderbringt, werde ich sauer. Die Putzfrau aber unterbricht mein Wüten, indem auch sie mir einen schönen Tag wünscht. Automatisch sage ich: »Danke, Ihnen auch!« Und erneut habe ich meine Wut hinuntergeschluckt.

Ich setze mich an den Schreibtisch. Einer meiner Mitarbeiter bringt eine Akte, legt sie mir auf den Tisch und wirft dabei versehentlich meinen Terminkalender auf den Boden. Jetzt reicht's aber! Das ist der berühmte Tropfen, der das Fass zum Überlaufen bringt. Ich explodiere und schimpfe, was das Zeug hält, viel mehr, als eigentlich angemessen wäre. Der Mitarbeiter hebt betreten meinen Terminkalender auf und legt ihn vorsichtig auf meinen Tisch, geschockt, dass eine solche Kleinigkeit so einen Ausbruch auslösen kann. Was ist passiert?

Ich habe meine Wut gesammelt. Ich habe meinen Sohn nichts von meinem Ärger spüren lassen, meine Frau auch nicht, und selbst der Putzfrau habe ich nicht gesagt, was mich genervt hat. Mein Kollege (der Letzte in der Reihe) hingegen hat meinen ganzen Zorn abbekommen.

Immer wenn wir Sätze äußern wie »Den habe ich auf dem Kieker«, »Jetzt reicht es aber« oder »Das geht wirklich zu weit«, dann sind wir vermutlich gerade dabei, emotionale »Rabattmarken« zu sammeln.

Das Bild der »Rabattmarke« bei diesem Modell ist inspiriert von unserem Einkauf im Supermarkt, wo die Verkäuferin an der Kasse uns beim Bezahlen unsere Marken aushändigt, die wir fleißig sammeln und zu Hause brav in unser Heft kleben. Für zwei Rabattmarken bekommen Sie ein Päckchen Kaffee, für 50 gibt es dann schon eine schicke Kaffeemaschine. Und wenn Sie sehr geduldig sind und 100 Rabattmarken sammeln, erhalten Sie eine Reise für zwei Personen nach Kolumbien, wo Sie bei der Kaffeeernte zusehen dürfen.

Im oben genannten Beispiel sammle ich sozusagen »Wut-Marken«. Vier solcher Marken und ich erlaube mir einen lautstarken Wutausbruch, wobei der hinuntergefallene Terminkalender lediglich ein »Tropfen auf den heißen Stein« und mein Mitarbeiter das Objekt meines emotionalen Notablasses waren.

Bei dieser Art des negativen Umgangs mit Gefühlen geht es darum, dass wir ein ausreichendes Maß einer Emotion sammeln und aufstauen, um jene Grenze zu überschreiten, ab der es dann in unseren Augen erlaubt ist, diese ohne Schuldgefühle auszudrücken.

Je nach Menge der gesammelten Rabattmarken, holen wir uns dann verschieden große »Prämien« in Form von entsprechenden Gefühlsausbrüchen ab, deren schädliche Auswirkungen auf uns und unsere Umwelt sich – ähnlich wie Verbrennungen auf der körperlichen Ebene – in drei Grade einteilen lassen:

- *Schädigungen ersten Grades* sind verhältnismäßig harmlos: Sie tun ein bisschen weh und verheilen relativ schnell, ohne Narben zu hinterlassen.

- *Schädigungen zweiten Grades:* Sie schmerzen schon deutlich mehr und brauchen längere Zeit, um zu heilen. Auch hinterlassen sie erkennbare Spuren. Auf emotionaler Ebene kann sich so etwas monatelang hinziehen und dann zu einschneidenden Reaktionen führen. In meinem Fall beispielsweise zur Entlassung des Mitarbeiters oder zur Scheidung von meiner Frau.

- *Schädigungen dritten Grades* sind verhängnisvoll: Dazu gehören Mord, Suizid und Wahnsinn, aber auch schwerwiegende körperliche Erkrankungen wie Herzinfarkt oder Krebs.

Wie oft haben wir schon in der Zeitung von Fällen wie dem folgenden gelesen? Herr Dupont, 46 Jahre alt, hat erst seine Frau und seine beiden Kinder erschossen und dann die Waffe gegen sich selbst gerichtet (eigenartig ist, dass es solchen Tätern am Ende oft nicht gelingt, sich selbst zu töten).

Journalisten befragen seinen Arbeitgeber, seine Kollegen, seine Nachbarn, und jeder sagt das Gleiche: »Wir verstehen gar nichts mehr. Herr Dupont war immer so freundlich, immer guter Dinge. Er und seine Frau waren das ideale Paar und die Kinder so gut erzogen.«

Tatsächlich aber staute Herr Dupont all seine Frustrationen in sich auf, über Monate und Jahre, ohne jemals auch nur ein Wort zu sagen – bis dann der Tropfen kam, der das Fass zum Überlaufen brachte! Und die Sache ein schreckliches Ende nahm.

Aufgrund unserer Erziehung neigen wir dazu, Gefühle anzusammeln, wobei jeder von uns seine ganz eigene Form entwickelt. Es gibt Menschen, die beschränken sich dabei auf nur eine Sorte von

Rabattmarken: entweder Wut oder Angst oder Traurigkeit … Andere dagegen sammeln alle.

Die einen führen ihre Sammlung gern vor, während die anderen sie lieber unter Verschluss halten. Und dann gibt es da noch die »Kollektivsammler«, eine Spezies, die vor allem in Unternehmen vorkommt. Stellen wir uns einmal vor, wir sind beim Mittagessen in der Kantine. Rechts von uns sitzen drei Herren aus der Personalabteilung und unterhalten sich. Einer sagt mit deutlich vernehmbarer Stimme: »Mein Gott, diese Typen vom Vertrieb! Völlig unfähig, auch nur ein Formular richtig auszufüllen. Am schlimmsten ist es beim A24 zur Erstattung von Reisekosten. Und dann wundern die sich auch noch jedes Mal, wieso sie so lange auf ihr Geld warten müssen …«

Links von uns, ein paar Meter weiter, haben sich die Herren vom Vertrieb zusammengefunden. Auch dort wird diskutiert. Und man hört eine laute Stimme: »Die von der Personalabteilung sind doch nicht mehr ganz dicht! Haben Sie die neueste Glanzleistung gesehen: das Formular A24 für die Reisekostenabrechnung. Ich behaupte mal, kein normaler Mensch kann das Ding richtig ausfüllen.«

Jede Abteilung macht also ihre eigene Sammlung gegen die Kollegen. Und wenn der verantwortliche

Manager nicht aufpasst, kann das bald zu echten Problemen führen – für das Unternehmen ebenso wie für die Angestellten.

> ### Sparen und sammeln auf emotionaler Ebene bringt keinen Gewinn – im Gegenteil.

Wenn wir gut mit unseren Emotionen umgehen wollen, sollten wir sie nicht ansammeln und dann auf einmal entladen, weil sich dies äußerst schädlich auswirken kann.

Wir können durch das Warten nichts gewinnen. Besser wäre es, die natürlichen Funktionen unserer Emotionen, wie in den vorangegangenen Kapiteln beschrieben, für uns zu nutzen.

Unsere Emotionen nach und nach auf angemessene Weise zum Ausdruck zu bringen ist der sicherste Weg zu einem ausgeglichenen Gefühlsleben.

Der Ausstieg aus dem »Rabattmarken«-Spiel erlaubt Ihnen:

● Sich die Emotion zurückzuerobern, die Sie sich bislang nicht (oder nur in einem sehr eingeschränkten Rahmen) auszudrücken erlauben

- Ihre aktuelle Sammlung zu sichten und in kleinen Schritten in einem sicheren Umfeld aufzulösen, ja in Zukunft ganz ohne sie auszukommen
- Den ständigen Kreislauf des Ladens und Entladens zu beenden und jede Rabattmarke für sich einzulösen
- Sicherheitsventile zu entwickeln, über die Sie regelmäßig »Druck ablassen«, wenn dies erforderlich ist
- Andere und sinnvollere Formen zu suchen, um sich die Zuwendung zu verschaffen, die Sie brauchen
- Ihr Verhaltensrepertoire zu erweitern, um besser mit Stress umgehen zu können, ohne dabei in destruktive Muster zu verfallen

Reaktive Gefühle (Gummiband)

Hierbei geht es vor allem um unangemessene Reaktionen, die sich auf jede Emotion beziehen können. Auch dazu zwei Beispiele:

Ich gehe in ein Reisebüro, um mich über verschiedene Urlaubsziele zu informieren. Sobald ich jedoch die Empfangsdame sehe, überfällt mich eine unerklärliche, schreckliche Wut, die mit der aktuellen Situation nichts zu tun hat, da ich diese Frau noch nie gesehen habe und eigentlich hergekommen bin, um mir etwas Gutes zu tun.

Auf Bitten meines Chefs bereite ich eine kleine Präsentation für einige meiner Kollegen vor. Das Thema liegt absolut in meinem Kompetenzbereich, und ich kenne mich wirklich gut damit aus. Als ich dann aber vor meinem »Publikum« stehe, überfällt mich die Angst. Ich bringe kein Wort heraus, meine Gesten wirken übertrieben, ich bekomme Panik – und liefere einen schlechten Vortrag ab. Dabei liegt mir das Thema, der Chef steht mir wohlwollend gegenüber, und meine Kollegen kennen meine Fähigkeiten und akzeptieren mich. Auch hier sind meine Reaktionen in Bezug auf die aktuelle Situation völlig unangemessen.

Ich bin sicher, Sie haben derartige Situationen ebenfalls schon einmal erlebt. Doch was genau geschieht hier?

Ein aktuelles Ereignis ruft in uns die Erinnerung an eine ähnliche Situation in der Vergangenheit wach, die wir aus welchen Gründen auch immer als unangenehm erlebt haben. Allerdings hatten wir damals keine Gelegenheit, das Problem auf seelischer Ebene auf zufriedenstellende Weise zu lösen – und deshalb schleppen wir die alten »unguten« Gefühle bis heute mit und packen sie jedes Mal, wenn wir uns in einer vergleichbaren neuen Situation befinden, auf die aktuellen Gefühle obendrauf.

Kommen wir auf unser erstes Beispiel zurück: Die Wut, die ich auf die Empfangsdame im Reisebüro empfand, geht vielleicht darauf zurück, dass sie meiner Tante Alice ähnelt, mit der ich als Kind einmal verreisen durfte. Jedes Mal, wenn ich sie darum bat, irgendetwas unternehmen zu dürfen, sagte sie: »Nein, jetzt nicht. Vielleicht später.« Aber sie hielt ihr Versprechen nie. Ich wurde immer wütender, durfte das aber nicht zeigen. Und wie wir bereits wissen, prägt sich alles, was wir nicht ausdrucken können, tief in uns ein und strebt früher oder später nach Ausdruck.

In meiner Interaktion mit der Dame vom Reisebüro kommen also die aufgestauten Gefühle meiner Tante gegenüber zum Vorschein.

Das zweite Beispiel geht auf einen meiner Klienten zurück, der Schwierigkeiten hatte, in der Öffentlichkeit das Wort zu ergreifen, obwohl er ein hochintelligenter, kompetenter, ja brillanter Mensch war.

Ich wies ihn darauf hin, dass diese überschießende Angst vermutlich das Resultat eines verschütteten Erlebnisses sei, das kein positives Ende gefunden hatte. Das schien ihn zu interessieren. Schon bei der nächsten Sitzung erzählte er mir: »Ich hatte diese Woche einen Traum. Ich war in der sechsten Klasse mit meinem Französischlehrer, einem großartigen Lehrer, vor dem ich den größten Respekt hatte. Beim Erwachen fragte ich mich, warum ich wohl von ihm geträumt hatte. Dann fiel mir ein, was Sie letzthin gesagt hatten, und ich erinnerte mich plötzlich wieder an eine schmerzhafte Geschichte, die ich während meiner Schulzeit erlebt habe.

Ich war in Französisch ein recht guter Schüler und dafür bei meinem Lehrer und meinen Klassenkameraden anerkannt. Eines Tages kam ich in die Schule und hatte, was selten vorkam, meine Hausaufgaben nicht gemacht, weil meine Eltern am Wochenende mit mir einen Ausflug zum Mont Saint-Michel unternommen hatten. Mein Lehrer fragte mich ab, weil er überzeugt war, dass ich bei meinem Wissensstand die Antworten kennen müsste. Auch die Klasse erwartete von mir die richtige Antwort. Aber ich war nicht vorbereitet und auf einmal total blockiert und brachte überhaupt nichts mehr heraus. Der Lehrer machte mir Vorwürfe, ich spürte die Enttäuschung der Klasse und fühlte mich wie ein totaler Versager. Und seither habe ich mir die größte Mühe gegeben, dieses für mich demütigende Ereignis zu verdrängen.«

Unser Klient hatte diese Situation nicht zu seiner Zufriedenheit lösen können, als er elf Jahre alt war. Jedes Mal, wenn er in der Öffentlichkeit etwas sagen sollte, kamen die alten Gefühle mit aller Macht zurück und überlagerten die aktuelle Situation. Sie waren der aktuellen Situation überhaupt nicht mehr angemessen, lebten aber immer wieder auf, als wäre die neue Situation mit der alten wie durch ein Gummiband verbunden. Und so ein Gummiband ist sehr elastisch, man kann es auf das Dreifache seiner ursprünglichen Länge dehnen …

Wie wir gesehen haben, können uns solche uberschießenden Reaktionen daran hindern, im Hier und Jetzt angemessen zu agieren. Dadurch laufen wir Gefahr, unsere Wahrnehmung der gegenwärtigen Situation zu blockieren oder zu verfälschen.

Umgekehrt können wir durch entsprechende Arbeit an uns selbst, am besten mithilfe kompetenter Begleitung, solche alten Situationen ausfindig machen, sie in der Gegenwart erneut durchleben und dabei durch symbolische Akte und/oder emotionale Verarbeitung auflösen.

Häufig ist es aber gar nicht so einfach, das traumatisierende Element zu finden. Doch erst wenn wir den Grund für unsere Blockaden kennen, können wir die Wunden der Vergangenheit heilen, das

Gummiband durchschneiden und lernen, unsere aktuellen Gefühle unverfälscht auszudrücken.

Doch das Gummiband kann unser momentanes Erleben auch bereichern, wie z. B. in der Szene aus Marcel Prousts *Auf der Suche nach der verlorenen Zeit*, in welcher der Protagonist sich daran erinnert, wie er duftendes Gebäck in seinen Tee stippt.

Denn wir haben in der Vergangenheit ja auch glückliche Augenblicke erfahren, die wir in unser aktuelles Leben mitnehmen können. Daher wird die Gummiband-Methode häufig zur Entspannung oder im Rahmen positiver Visualisierungen eingesetzt.

Ersatz- oder Maschengefühle (Racket)

Bei dieser Art des Umgangs mit Emotionen handelt es sich um eine falsche und manipulative Reaktion, die mit Ersatzgefühlen operiert, hinter denen sich in Wirklichkeit etwas ganz anderes versteckt.

Wenn ich als Kind zornig wurde, weil ich von meinem Vater nicht bekam, was ich wollte, sagte er zu mir: »Du brauchst gar nicht wütend zu werden, ich werde nicht nachgeben.« Und dabei blieb er.

Zog ich mich aber in den Schmollwinkel zurück und sah unglücklich drein, brach sein Widerstand innerhalb weniger Minuten zusammen, weil er es nicht ertrug, mich traurig zu sehen. Mit meinen fünf Jahren hatte ich schnell erkannt, dass Wut mich nicht weiterbrachte. Und so kam es, dass ich auch in späteren Jahren nach außen immer Zeichen von Traurigkeit zeigte, wenn ich in Wirklichkeit wütend war.

Und noch heute, mit über 40 Jahren, zeige ich mich niedergeschlagen, um zu bekommen, was man mir vorenthält oder wovon ich fürchte, es nicht zu erhalten. Ich nutze also die Emotion »Traurigkeit«, um die Emotion »Wut« zu verbergen und meine Ziele durchzusetzen. Und das nennt man in der Transaktionsanalyse ein »Racket«: Ich ersetze eine Emotion durch eine andere, um mithilfe dieser Manipulation Aufmerksamkeit zu erhalten und die »Zeichen der Anerkennung«, die ich für meine seelische Balance benötige.

Ein Ersatzgefühl oder Racket ist also jede Emotion, die an die Stelle einer realen und tieferen Emotion tritt. Letztere bleibt verborgen, weil sie verboten oder schmerzhaft ist bzw. in der gegenwärtigen Situation als unangemessen empfunden wird.

Wie wir gesehen haben, besteht die normale Funktion einer Emotion darin, ein Bedürfnis offenzulegen, damit dieses befriedigt werden kann. Ihr authentischer Ausdruck wird Reaktion genannt.

Mitunter kommt es aber zu Konflikten zwischen unseren Bedürfnissen, wie dazuzugehören, geliebt und anerkannt zu werden, und dann gehen wir emotionale Kompromisse ein.

Von Kindesbeinen an werden wir emotional sehr stark konditioniert, je nachdem, welche Emotionen in unserer Familie verdrängt oder verboten sind und welche nicht. Nehmen wir als Beispiel Eltern, die ihr Kind ins Bett stecken, wenn es zornig ist, und ihm einreden, es sei müde. Früher oder später wird das Kind aufhören, Wut zu zeigen, ja sogar zu empfinden. Und als Erwachsener wird es unweigerlich müde werden, wenn es zu Spannungen oder Konflikten kommt.

Ein anderes Kind wird vielleicht häufig vom Rest der Familie verspottet und lernt, seine Traurigkeit hinter Lachen und Scherzen zu verbergen. Später wird es den Clown geben, sobald es traurig ist, und Aufmerksamkeit zu bekommen versuchen, indem es sich zur Lachnummer macht.

Und wieder ein anderes Kind lernt, seine Trauer hinter Angst zu verbergen, weil ihm von den Eltern immer vorgeworfen wird, nicht gut genug zu sein, sobald es Anzeichen von Traurigkeit zeigt.

Wir begreifen schon früh, welche Emotionen in unserer Familie tabu sind. Und um Anerkennung und Liebe zu finden und die Zuwendung zu bekommen, nach der wir uns sehnen, lernen wir schnell, diese Emotionen durch andere zu ersetzen. Letztlich handelt es sich um eine unbewusste Form der Erpressung.

Problematisch daran ist, dass dieser Gefühlsersatz Verwirrung schafft und unsere eigentlichen Bedürfnisse dadurch nicht oder nur ansatzweise befriedigt werden. Darüber hinaus ruft die Zensur bestimmter Gefühle chronische Reaktionen im Körper hervor, Energieblockaden und Spannungszustände, die nicht abgebaut oder gelöst werden können. Auf diese Weise können nicht ausgedrückte Emotionen letztlich zu allerlei psychosomatischen Krankheiten führen.

In jedem Fall ist das Racket (ob als Gefühl oder Verhaltensweise) eine unangemessene Antwort auf unser Umfeld oder das auslösende Ereignis, denn es beruht auf einem System irreführender Glaubenssätze, die wir in der Kindheit gelernt haben. Und als erlerntes Gefühl setzt es sich an die Stelle der authentischen Reaktion, die wiederum unterdrückt wird, weil sie als gefährlich erlebt wird.

Denken wir zurück an unser Beispiel aus Kapitel 5, in dem der Vater zu seinem fünfjährigen Sohn sagt:

»Wie kannst du so fröhlich sein, wo wir doch so großen Kummer haben. Schau deine Schwester an, sie ist wenigstens traurig. Nicht wie du.« Der kleine Junge versteht sofort, dass er mehr Liebe bekommt, wenn er sich traurig zeigt.

Als Erwachsene greifen wir vor allem in Stress-situationen auf unsere Ersatzgefühle – und das entsprechende Verhalten – zurück. So entsteht ein wahrer Teufelskreis, da unsere selektive Wahrnehmung der Ereignisse uns als Beweis für unsere tief verwurzelten Überzeugungen dient, die dadurch noch verstärkt werden.

Wenn mein Chef mir Vorwürfe macht, weil ich einen Fehler begangen habe, lege ich vielleicht eine gewisse Bedrücktheit an den Tag, denn bei meinem Vater hat das ja auch immer funktioniert.

Oder ich zeige Anzeichen von Panik, was letztlich dazu führt, dass der Chef das Problem lieber gleich selbst löst.

Oder noch schlimmer: Ich beschwöre mit den Menschen in meiner Nähe, meinen Lieben, immer wieder dieselben Situationen herauf, die als Kind erlebt habe. Auf diese Weise wiederhole ich als Erwachsener die Beziehungsmuster aus meiner Kindheit, weil ich überzeugt bin (Glaubenssätze), dass ich nur so die Zuwendung bekomme, die ich brauche.

Gerade in Machtspielen kommen Ersatzgefühle oft zum Einsatz – was sich in der eigentlichen Bedeutung des Begriffs Racket widerspiegelt: Im englischen und amerikanischen Sprachgebrauch steht das Wort *racket* unter anderem für eine moralisch unsaubere Art des Geldverdienens, beispielsweise durch Wucher oder Schutzgelderpressung. Bei der Erpressung von Schutzgeld werden die Opfer gezwungen, dafür zu bezahlen, dass die Erpresser ihr Geschäft nicht zerstören.

Das Prinzip ist im Grunde das gleiche wie bei einer emotionalen Erpressung: Beispielsweise, wenn wir ein Gefühl so intensiv ausleben, dass es den anderen so sehr berührt, dass dieser etwas für mich tut oder an meiner Stelle handelt und mir damit die Verantwortung abnimmt.

Das Racket ist also eine Flucht nach vorn. Wir gehen das Risiko der Eskalation ein, um unsere Ziele zu erreichen, so wie der Bandenchef Gewalt anwendet, wenn er nicht das verlangte Schutzgeld bekommt.

Wir sollten uns aber bewusst sein, dass Rackets sehr gefährlich werden können – für uns und für unsere Mitmenschen: So kann im schlimmsten Fall das Ersatzgefühl Traurigkeit mit Suizid und das Ersatzgefühl Wut mit Mord enden. Verwirrung als Ersatzgefühl kann bis zum Wahnsinn und das

Racket Müdigkeit zu ernsthaften körperlichen Erkrankungen führen.

Nehmen wir als Beispiel einen obdachlosen Alkoholiker. Wir erkennen ihn sofort an seiner Haltung, seinem Gang und seinem Blick. Er betritt eine Kneipe. Überall begegnen ihm mitleidige Blicke. Der Wirt sieht ihn von seinem Platz hinter dem Tresen von oben herab an. Der Mann verlangt einen »kleinen Weißen«, dann einen zweiten und so weiter. Alles ist in Ordnung.

Doch beim x-ten »kleinen Weißen« hat der Wirt ein Problem. Er muss sich entscheiden: Entweder serviert er dem Obdachlosen weiterhin Weißwein, und dieser betrinkt sich bis zum Umfallen, oder er weigert sich, ihn weiter zu bedienen. Als Reaktion wird der Mann ihn vermutlich beschimpfen, wenn nicht gar körperlich aggressiv werden. In jedem Fall werden die anderen Gäste, die bislang eher Mitleid mit dem armen Kerl hatten, so schnell wie möglich das Lokal verlassen. Zu guter Letzt wird der Wirt die Polizei holen müssen, die den Schluckspecht dann mitnimmt.

In diesem Fall stellt sich die Frage: Wer manipuliert hier wen? Unser Alkoholiker hat es geschafft, dass alle anderen, sein gesamtes soziales Umfeld, ihm die Verantwortung abnehmen und sich um ihn kümmern.

Dieses Beispiel zeigt sehr anschaulich, dass wir aufpassen müssen, wie wir auf einen Menschen reagieren, der uns mit einem Ersatzgefühl manipuliert. Sonst laufen wir Gefahr, in die Falle zu tappen, in der wir nur noch zwei Möglichkeiten haben: entweder Unmengen von Energie aufwenden oder schreiend flüchten.

Da so gut wie niemand eine vollkommen problemfreie Kindheit hatte, neigen wir alle mehr oder weniger dazu, Ersatzgefühle zu benutzen – in der Illusion, nur so nicht verlassen zu werden und zu bekommen, was wir brauchen. Doch das Racket führt nur zu Verwirrung, und unsere psychischen Bedürfnisse werden dadurch auch nicht erfüllt. Und das ist aus zweierlei Gründen ungünstig:

- Die Zuwendung, die wir uns mithilfe dieser Ersatzgefühle von anderen holen, hat nicht den gleichen Wert wie die Zuwendung, die wir erhalten, wenn wir unseren unverfälschten und authentischen Emotionen Ausdruck verleihen.

- Jemand, der mit Ersatzgefühlen arbeitet, wird von seinem Umfeld nicht in dem Maß unterstützt, wie er es braucht. Im Gegenteil, die anderen werden ihm mit Misstrauen und Ablehnung gegenübertreten, denn seine manipulativen Gefühle rufen im Gegenüber ein entsprechendes Echo hervor.

Es ist ein ordentliches Stück Arbeit, seine Emotionen kennenzulernen. Dass sich hinter einem Gefühl ein oder mehrere andere verstecken können, ist für viele Menschen erst mal erschreckend.

Für den Transaktionsanalytiker George Thomson ist der Hauptgrund dafür, dass wir in einer Emotion stecken bleiben, der, dass wir uns der gleichzeitigen Präsenz einer oder mehrerer anderer einfach nicht bewusst sind. Also klammern wir uns nach der Scheidung an unsere Depression, da wir uns nicht erlauben, unsere Wut auf unseren Expartner oder unsere Angst vor dem Alleinsein zu spüren.

Unsere Erfahrung als Psychotherapeuten hat uns gezeigt, dass es zum Aufspüren von Ersatzgefühlen sinnvoll ist, sich kompetente Begleitung zu suchen. Manchmal ist die dahinterstehende ursprüngliche Emotion nämlich so stark verdrängt, dass es viel Geduld braucht, um sie ans Licht zu bringen und auf angemessene Weise auszudrücken.

Kleiner Wegweiser für den Umgang mit Emotionen

Beschreiben Sie die Fakten mit etwas Abstand und Distanz, um die damit verbundenen Emotionen zu entwirren und zu erkennen.

Was geschieht gerade?

Wie geschieht es?

Was empfinde ich wirklich? Angst, Wut, Traurigkeit, Freude?

Welche Ereignisse oder Umstände lösen diese Emotion aus?

An welchem Punkt des Kreislaufs von Ladung und Entladung stehe ich gerade?

Indem wir lernen, jedes Gefühl klar zu erkennen, gelingt es uns immer besser, Missverständnisse zu vermeiden, aus der Passivität herauszufinden und Widerstände zu überwinden. Zudem schwächt es die emotionale Intensität eines Ereignisses ab, wenn wir genau erkennen, was gerade geschieht.

Finden Sie heraus, welchen Sinn das Gefühl hat, das Sie gerade spüren. Sie können darauf vertrauen, dass jede Emotion in unserem Interesse wirkt.

Welcher innere Wert in mir wurde angerührt, dass ich diese Emotion verspüre?

Welche negativen Glaubenssätze treten durch dieses Gefühl zutage und durch welche positiven könnte ich sie ersetzen?

Was bringt mir diese Emotion?

Was will sie mir sagen?

Was funktioniert nicht an meiner Art zu handeln?

Was funktioniert nicht an meiner Art, anderen meine Bedürfnisse und Wünsche mitzuteilen?

Was muss ich in meinem Leben ändern, damit es mir besser geht und ich verhindern kann, dass dieselben Probleme immer wiederkehren?

Was will ich wirklich fühlen?

Welcher Herausforderung muss ich mich stellen?

Wenn Sie Ihre Gefühle nach ihrem wahren Wert beurteilen, wird sich ihre Intensität sofort verringern.

Handeln Sie, finden Sie Optionen und üben Sie neue Verhaltensweisen.

Was muss ich mir, was muss ich anderen sagen, damit aus dem Ungesagten kein Schaden entsteht?

Was gilt es jetzt auszudrücken, um meinen Ladungs-/Entladungs-Kreislauf zu durchbrechen und nicht länger an einschränkenden Gefühlen festzuhängen?

Welche positiven vergangenen Erfahrungen (Ressourcen) kann ich nutzen, um mit diesem Gefühl umgehen zu lernen?

Welche neuen Optionen habe ich zur Verfügung, um meine Wahrnehmung, meine Interpretation der Dinge, meine Entscheidungen zu ändern?

Welches Bedürfnis will in diesem Augenblick befriedigt werden?

Wie kann ich anderen meine Bedürfnisse, Gefühle und Wünsche besser kommunizieren?

Was kann ich tun, um jetzt eine Lösung zu finden?

Schlusswort

Allein der Reichtum an Worten, mit denen wir unsere Gefühle beschreiben können, zeigt, dass der Mensch in der Lage ist, eine unglaubliche Bandbreite an Emotionen zu empfinden.

Auch die Forschung fördert diesbezüglich ständig neue Erkenntnisse zutage. Wir verwenden in diesem Buch das Instrumentarium der Transaktionsanalyse, welche die Emotionen in vier grundlegende Gefühlszustände, nämlich Angst, Wut, Traurigkeit und Freude, einteilt, aus denen sich – wie aus den Grundfarben – sämtliche Schattierungen unseres Gefühlslebens ergeben.

Auf einfache, aber nicht vereinfachende Weise, wie Vincent Lenhardt im Vorwort schreibt, zeigt die Transaktionsanalyse uns, wie wir unsere Gefühle und ihre grundlegenden Funktionen besser verstehen können:

- Die Angst signalisiert uns Gefahr und erlaubt uns so, uns zu schützen.
- Die Wut bringt uns dazu, für uns sinnvolle Änderungen vorzunehmen.
- Die Traurigkeit führt mit der Zeit dazu, dass wir Dinge, die wir nicht ändern können, akzeptieren.

- Die Freude macht uns offen für das Teilen mit anderen.

Zu wissen, welche Funktionen unsere grundlegenden Gefühle haben, ist von großer Bedeutung für die Gesundheit und den Schutz unserer Seele.

Darüber hinaus ist es ein wesentlicher Faktor für unser psychisches Gleichgewicht, dass wir echte Emotionen von verfälschten Gefühlen und deren negativen Auswirkungen – seien es angesammelte Gefühle *(Rabattmarken)*, reaktive Gefühle *(Gummiband)* und/oder Ersatz- oder Maschengefühle *(Racket)* – unterscheiden können.

Und schließlich ist es für unser seelisches Wachstum entscheidend, dass wir unsere spontanen emotionalen Reaktionen auf die Wechselfälle des Lebens authentisch ausdrücken können.

Natürlich mussten Sie nicht erst dieses Buch lesen, um mit Ihren Gefühlen umgehen zu können. Vieles von dem, was hier gesagt wurde, wussten Sie vermutlich schon. Doch wir hoffen, dass wir Ihnen trotzdem die eine oder andere Anregung geben sowie Ihnen ein Gefühl dafür vermitteln konnten, dass Emotionen ein Geschenk der Natur sind.

In diesem Sinne wünschen wir Ihnen zu guter

Letzt: Bleiben Sie emotional gesund. Und vergessen Sie nicht: Für einen guten Umgang mit Emotionen braucht es regelmäßige Übung, am besten tägliches Training.

Literatur

Berger, Janice: *Gefühlsintelligenz. Alte Verletzungen überwinden – Beziehungen heilen – emotional ins Gleichgewicht kommen*, Trinity: München 2012.

Berne, Eric: *Spiele der Erwachsenen. Psychologie der menschlichen Beziehungen*, Rowohlt: Reinbek bei Hamburg [14]2012.

Ders.: *Was sagen Sie, nachdem Sie »Guten Tag« gesagt haben?*, Fischer Taschenbuch: Frankfurt am Main [22]2012.

Ders.: *Die Transaktionsanalyse in der Psychotherapie. Eine systematische Individual- und Sozial-Psychiatrie,* Junfermann: Paderborn [2]2006.

Dalai Lama/Ekman, Paul: *Gefühl und Mitgefühl. Emotionale Achtsamkeit und der Weg zum seelischen Gleichgewicht,* übers. von Kristina Reiss, Spektrum Akademischer Verlag: Heidelberg 2011.

English, Fanita/Paul, Michael (Hrsg.): *Transaktionsanalyse. Gefühl und Ersatzgefühl in Beziehungen*, iskopress: Salzhausen [9]2011.

Goleman, Daniel: *Die heilende Kraft der Gefühle. Gespräche mit dem Dalai Lama über Achtsamkeit, Emotion und Gesundheit*, übers. von Fritz R. Glunk, dtv: München 2000.

Kottwitz, Gisela/Lenhardt, Vincent: *Integrative Transaktionsanalyse. Wege zur Orientierung und Autonomie*, Institut für Kommunikationstherapie: Berlin 1991.

Kübler-Ross, Elisabeth/Kessler, David: *Dem Leben neu vertrauen. Den Sinn des Trauerns durch fünf Stadien des Verlustes finden*, Kreuz: Freiburg im Breisgau 2006.

Martina, Roy: *Tiefseelentauchen. Emotionales Gleichgewicht*, Silberschnur: Güllesheim 2007.

Ders.: *Emotionale Balance. Von Schwerarbeit zu Mühelosigkeit. Der Weg zu innerem Frieden und Heilung*, übers. von Silvia Autenrieth, Koha: Burgrain 2002.

Prünte, Thomas: *Das Gefühlsklavier. Vom stimmigen Umgang mit unseren Emotionen*, DGVT (Deutsche Gesellschaft für Verhaltenstherapie): Tübingen 2009.

Stewart, Ian/Joines, Vann: *Die Transaktionsanalyse. Eine Einführung*, übers. von Werner Rautenberg, Herder: Freiburg [11]2000.

Thomson, George: »Fear, Anger, and Sadness«, in: *Transactional Analysis Journal* 13.1 (1983), 20–24.

Wilker, Jessica: *Das Einmaleins der Achtsamkeit. Vom sorgsamen Umgang mit alltäglichen Gefühlen*, Herder: Freiburg [2]2011.

Wolf, Doris/Merkle, Rolf: *Gefühle verstehen, Probleme bewältigen. Eine Gebrauchsanleitung für Gefühle*, PAL: Mannheim [29]2012.

Lebenshilfe auf
den Punkt gebracht

Achtsamkeit ermöglicht uns, wach und entspannt
im Hier und Jetzt zu leben. Die kompakten Pocketguides
eignen sich für den unkomplizierten Einstieg:
Eine Fülle an Anregungen, Übungen und psychologisch
fundierten Impulsen, wie sich Achtsamkeit konkret
im Alltag umsetzen lässt.

ISBN 978-3-95803-080-0

ISBN 978-3-95803-007-7

ISBN 978-3-95803-047-3

ISBN 978-3-943416-92-3